장애인복지관
자 산 접 근
실 천 방 법

김용득 · 황인매 · 성명진

이 저서는 2018년 대한민국 교육부와 한국연구재단의 지원을 받아 수행된
연구임(NRF-2018S1A5A2A03036200)

CONTENTS

서 문

이 책은 한국연구재단이 지원하고 단국대학교 산학협력단(연구책임자: 단국대학교 사회복지학과 신은경 교수)이 수행한 연구의 일부로 진행된 결과를 담은 것이다. 2018년부터 수행된 이 연구과제의 전체 주제는 「장애의 사회모델, 이념에서 실천으로서의 전환 모색: 대안적 실천모델 및 평가도구 개발」이었으며, 이 책은 전체 연구과제의 소주제 중 하나인 '사람 중심과 사회모델 실천을 위한 통합적 실천모델 개발' 연구를 통해서 집필되었다.

사람 중심 실천은 개인의 꿈과 희망을 찾아가는 당사자 중심의 유연한 실천을 강조하며, 사회모델은 장애를 사회적 맥락에서 보는 포괄적인 틀로 받아들여지고 있다. 이 책은 장애인복지관 등 우리나라 실천 현장에서 최근 강조되고 있는 사람 중심이라는 미시적·실천적 방법과 장애의 치료적 관점에 대한 대항 담론의 중심에 있는 사회모델이라는 거시적·운동적 관점을 하나의 실천모델로 통합하여 제시해 보려는 목적으로 집필되었다.

미시적 접근과 거시적 관점을 하나의 실천모델로 통합하는 작업을 위해서 실천의 장은 우리나라 장애인지원서비스의 핵심 기관이라 할 수 있는 장애인복지관으로 설정하였다. 장애인복지관에서는 전통적인 치료중심의 접근, 최근에 활발히 확산되고 있는 사람중심의 접근이 공존하고 있다. 또한 사회통합을 강조하는 지역사회 기반의 접근과 함께 장애 당사자의 권리를 지원하는 권익옹호 접근도 모색되고 있다.

이런 다양한 접근들을 하나의 새로운 틀로 연결하고 통합하는 것이 필요하다고 생각하였으며, 그 대안으로 서구 국가에서 오래 전부터 활용되어 오다가 최근 영국에서 강조되고 있는 자산접근, 또는 자산기반 접근을 생각하게 되었다. 영국에서 Care Act 2014의 시행 이후 재정압박의 환경에서 커뮤니티케어 서비스 현장을 중심으로 자산접근(assets approach), 강점접근(strengths-approach)이 강조되고 있는데, 이는 지방정부의 일선 사회복지사들에게 사정, 서비스 계획수립, 실행의 전 과정에서 이용자와 지역사회의 강점과 자산을 적극적으로 고려하도록 하는 흐름이다.

이에 본서는 먼저 영국의 경험을 중심으로 자산접근이 어떤 지향을 가지고 있으며, 어떤 원칙과 내용을 가지고 수행되는지를 제시하였다. 이를 토대로 우리나라 장애인복지관에서 서로 별개의 접근으로 다루어지고 있는 사람 중심 접근과 지역사회 중심 접근을 자산접근으로 통합하여 실천 대안을 제시해 보았다. 이 과정은 장애인복지관 현장과의 긴밀한 협력을 통해서 수행되었다. 서울지역에 소재하고 있는 장애인종합복지관에서 권역별 2개 기관씩 총 8개 기관으로부터 사람 중심 또는 지역사회 중심의 실천 경험이 풍부한 선생님들을 추천받았고 이 분들의 참여를 통해서 이루어졌다. 실천 모델 개발을 위해서 2~3개월 주기로 3회에 걸쳐 포커스 그룹 인터뷰가 수행되었으며, 인터뷰 전후로 각 기관을 방문하여 개별 면접을 실시하기도 하였으며, 필요한 경우에는 서면질의 등을 통해 현장 자료를 수집하여 활용하였다.

코로나19로 심각한 상황이 계속되는 어려운 여건에서도 연구 참여 선생님들의 적극적인 도움으로 소박한 성과를 만들어 낼 수 있었다. 강지은 팀장, 김은경 팀장, 김영아 팀장, 노승완 팀장, 석진택 팀장, 윤석기 팀장, 장재웅 팀장, 정다운 팀장님께 깊이 감사드린다. 그리고 팀장님들의 참여를 지지해 주신 장애인종합복지관 사무국장, 관장님들께도 고마움을 함께 전한다. 또한 연구 과정에서 지원을 아끼지 않으신 서울시장애인복지관협회에도 깊이 감사드린다.

　　본서는 대안적 실천의 완결을 제시하려 하지는 않았다. 그리고 연구진들의 능력 부족으로 현장에서 바로 적용할 수 있는 구체성면에서도 많이 부족하다. 그럼에도 불구하고 이 책을 내 놓는 것은 지금에서 한 걸음 더 나아가는‘도전하는 실천’의 기반으로 활용될 수 있을 것이라는 기대 때문이다. 이 책을 바탕으로 하여 집필진은 앞으로도 현장과 함께 이 책의 활용성을 더 높이는 노력을 계속할 것이다. 현장에서 묵묵히 수고하시는 여러분들의 관심과 조언은 큰 격려가 될 것이다.

2021년 1월에
김용득·황인매·성명진 드림

1장

왜 자산기반접근인가

1장 왜 자산기반접근인가

　영국의 장애인 운동에서는 서비스에서 장애인의 욕구가 평가되고, 서비스가 제공되는 방식에 대하여 지속적으로 문제를 제기해 왔다. 개인의 손상과 약점을 평가하고, 이를 기준으로 설계되어 있는 서비스들은 장애인을 시민으로 보지 않고 문제를 가진 사람으로 보는 '개인모델 또는 의료모델'에 기반하고 있음을 지적한다. 장애인 단체들은 장애인 서비스는 '사회모델'에 의하여 제공되어야 하며, 장애인을 돕는 사회복지사들은 장애인의 자립을 지향하면서 장애인의 참여를 가로막는 사회적, 환경적 장애요소들을 제거하는 역할에 집중하여야 함을 주장한다(Renshaw, 2008).

　개별모델에서 장애를 가지고 있는 사람은 좋지 않은 위기상황에 있는 것으로 간주되며, 이에 따라 돌봄을 받아야 하는 또는 수동적으로 서비스를 받는 사람이 된다. 반면에 사회모델에서는 장애인은 사회구성원에게 통상적으로 주어지는 권리와 자격에 접근하는데 위험이 있는 사람으로 인식되며, 서비스 기능은 이런 접근성이 확보되도록 하는 역할로 설정된다(GB Disability Training & Consultancy. 2007). 사회모델은 장애인 운동과 서비스 실천의 중요한 근거로 인정되지만, 개별모델과 구분되는 서비스 실천의 구체적인 방법을 제시하지는 못하고 있다. 그래서 현장의 많은 사회복지사들은 관점은 사회모델을 지향하지만 실제 서비스는 개별모델에 상당히 의존하는 혼란스러운 상황이다.

　장애인서비스에 최근에 강조되고 있는 대표적인 흐름은 사람중심의 지원이다. 사람중심의 실천은 발달장애인 중심으로 PCP(Person

Centered Program), ELP(Essential Lifestyle Planning), MAPS (Making Action Planning System) PATH(Planning Alternative Tomorrow with Hope) 등 실천 기법들이 미국, 호주, 캐나다 등에서 활발히 상용되고 있으며, 국내에서도 소개되고 있다. 사람중심의 지원은 개인의 원하는 바를 알아내고, 이를 중심에 놓고 지원하는 구체적인 방법을 제공하고 있다는 점에서 유용성이 높지만 두 가지 점에서 제약이 있는 것으로 보인다. 첫째, 각 세부적인 방법들이 각각으로 구체화되어 있어서 이들을 이해하고 실제로 실행하는데 어려움이 있다. 그리고 여러 가지 방법들 가운데 어떤 것이 더 적합한지 등에 대한 일관성 있는 해답을 얻기 어렵다는 점이다. 둘째, 이들 방법들은 발달장애인에 대한 지원을 중심으로 개발되었다는 점이다. 각 방법들은 취약한 모든 사람들에게 적용이 가능하다고 하고 있지만, 사용하고 있는 절차나 용어들을 보면 보편적 적용에는 한계가 있어 보인다.

　또한 최근에 많이 강조되고 있는 흐름이 지역사회 중심의 지원이다. 여기서 지역사회 중심이라 함은 지역사회 안에서의 삶(in the

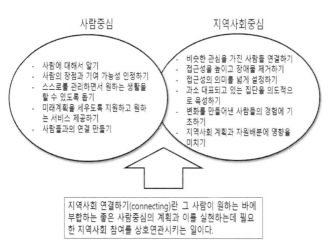

[그림 1-1] 사람중심과 지역사회 중심의 결합

11

community), 지역사회가 포용하는 삶(by the community, comm-unity inclusion)이라는 이중적인 의미를 가진다. 지역사회 중심지원은 사람중심의 지원과 동전의 양면과 같은 관계에 있는데, 다음 그림은 이를 잘 보여 준다(Foundation for people with learning disabilities. 2012).

지역사회중심의 접근이 강조되는 중요한 이유는 지역사회에서의 보통의 삶(ordinary life)은 지역사회 안에서 지역사회와 함께 이루어진다는 점이다. 지역사회 접근이 취약한 상황에서 사람 중심의 접근은 다음 그림과 같이 서비스 랜드(service land)를 만든다(http://www.in-control.org.uk).

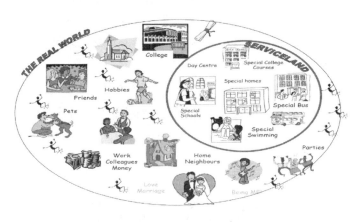

[그림 1-2] 서비스의 세계와 실제 세계

사회모델, 사람중심, 지역사회중심 접근을 통합하는 실천방법의 개발이 필요한 상황이다. 실제로 사회모델, 사람중심, 지역사회중심은 하나의 원리로 볼 수 있다. 장애를 결함으로 보고 고치는 것이 아니라 사회의 불비를 해소하자는 사회모델이나, 당사자가 원하는 바를 중심에 놓고 이것이 실현되도록 돕는 것에 집중하는 사람중심의 접근이나, 지역사회에서 자연스러운 삶은 지역사회가 함께 하는 데서 출발해야 한다는 지역사회 중심접근은 모두 공통적인 지향성으로 모아진다. 장애인서비스 실천에서는 이런 관점, 추세, 방법들을 포괄하면서 쉽게 활용할 수 있는 방법의 제시가 필요한 상황이다.

자산접근은 개인이나 지역사회가 가진 장점과 자산을 적극 활용하여 지역사회에서의 행복(wellbeing)을 만들어내자는 것이다. 장애인서비스의 경우에 장애인 당사자가 가진 자산, 지역사회가 보유한 자산을 어떻게 포착하고, 이를 긍정적으로 연결할 것인가가 실천의 원리로 구성된다. 장애를 가진 사람들의 자산은 자신과 지역사회에 어떻게 기여될 수 있을 것인가, 그리고 지역사회가 가진 자산은 어떻게 자연스럽게 장애인의 삶에 연결될 수 있을 것인가를 다룬다. 그래서 이 접근에서 장애인은 지역사회를 향하여 손 벌리는 사람, 지역사회는 동정을 베푸는 주체가 되는 것이 아니라 장애인과 지역사회가 자연스럽게 포용되면서 지역사회가 한 단계 성장하는 경험을 가지는 과정이 된다. 이 과정이 잘 수행되기 위해서는 서비스를 원하는 사람들의 장점과 원하는 바를 잘 알아내는 것이 중요하다. 그리고 서비스 이용자의 원하는 바를 지역사회의 자산과 잘 결합시키는 과정이 필요하다. 이런 일들을 장애인복지관에서 수행하기 위해서는 복지관의 조직문화에서도 변화가 필요하다.

2장

자산기반접근의 이해

2장 자산기반접근의 이해

    지금까지 서비스 대상자에 대한 평가는 일반적으로 건강과 장애로 인한 사람들의 욕구를 측정하고 이러한 욕구를 충족시키기 위해 공적자원을 할당하는 방식으로 수행되었다. 그러나 고령화에 대한 사회적 부담, 복지재정에 대한 압박 등은 사회복지실천에 새로운 변화를 요구하게 되었고 기존의 공적자원의 할당에만 의존하는 것이 아니라 당사자의 강점과 능력, 지역 자원망 등을 활용하여 그들의 욕구 충족에 대한 필요성을 사전에 예방하거나 감소시키고 때로는 그 시기를 지연시키는데 도움이 되는 방식에 집중하는 경향을 보이고 있다.

▶ 1절 개념과 사례

1. 관점의 변화

    물이 절반 정도 채워진 컵이 있다고 상상해보자. 절반의 물이 채워져 있는 부분 또는 덜 채워져 있는 부분 중 우리는 어느 쪽을 볼 것인가? 자산기반접근실천 방식은 전자에 더 가깝다. 즉, '있음'에 집중한다. 자산기반접근법은 사람들이 무엇을 가지고 있고 무엇을 할 수 있는지에 집중하여 생각하고 실천하는 방식이다. 사람들이 가

출처: communitypartnering.info
[그림 2-1] 자산접근의 관점

지고 있는 기술과 자원으로 무엇을 할 수 있는지, 그리고 그들이 지역사회에서 무엇을 할 수 있는지를 우선적으로 살피도록 한다(SCIE, 2015).

전통적 방식이라 할 수 있는 치료중심의 욕구기반접근은 부족함이나 결함에 초점을 맞춘 접근방식이다. 이러한 접근법은 욕구를 지나치게 강조하고 문제 중심으로 접근하는 한계가 있으며 결과적으로 장애당사자를 무력하고 의존하는 존재로 만들고 자신과 가족과의 생활에서 여전히 수동적인 사람으로 대하게 만든다.

[표 2-1] 욕구기반 접근과 자산기반 접근의 비교

	욕구/결핍기반 접근	자산기반 접근
목적	서비스 증가를 통한 지역사회 역할 보완	시민참여를 통한 지역사회 역할 보완
방법	기관의 혁신 = 더 좋은 프로그램	시민 중심의 생산 = 더 독립적
책무성	리더는 전문적인 직원 / 기관 이해 관계자의 책무성	리더는 시민들의 실행과 참여 / 지역사회의 책무성
자산의 중요성	자산은 시스템의 투입 / 자산 구성 방법은 자료 수집	자산은 사람, 생태계, 지역경제 사이에 발견되고 연결 짓는 지역사회 관계를 형성하는 모든 것 자산 구성 방법은 자기 실현과 관계적 리더십을 개발하는 것

	욕구/결핍기반 접근	자산기반 접근
생산 자원	돈이 주요 자원임, 돈이 없으면 무너짐	관계가 핵심 지원임, 돈에 집중하면 무너짐
운영상의 도전	어떻게 시민들을 참여시킬까?	모든 시민이 참여하도록 지역사회, 채널을 어떻게 구축할까?
조직의 역동	시간이 흐를수록 약해짐	시간이 흐를수록 눈덩이처럼 불어남
평가	서비스 결과가 성과이고, 대부분 기관의 이해관계자에 의해 판단됨	역량이 성과이고, 대부분 관계성으로 측정됨
개발	새로운 결과를 예측하여 돈과 프로그램 투자함	지역사회 구축을 통한 적정한 외부 투자가 가능함

출처: McNeish et al, 2016

　자산기반접근은 할 수 있는 것, 원하는 것, 가능한 것, 하고 있는 것, 앞으로 나아가는 것, 성취 등에 집중하며 당사자의 강점과 재능을 발견하기 위한 접근방식이다. 예를 들어 비장애인과 장애인을 연계하여 그동안 지역사회에서 소외된 사람들이 보다 적극적으로 지역사회 활동에 참여할 수 있도록 기회를 제공하고 다양한 일상적 삶을 영위할 수 있도록 지원한다. 그러나 지역사회참여나 연계가 장애인의 궁극적인 활동의 결과가 되는 것은 아니다. 이러한 접근방식은 사람들 스스로가 원하는 삶을 살아갈 수 있도록 자신에게 가장 적합한 대안을 찾고 그들이 사는 방식에 대한 독립적인 결정을 내릴 수 있는 기반을 마련하는데 필요한 수단이 되는 것이다.

　서비스를 줄이기 위해 또는 도움을 줄이기 위해서 개인이 무엇을 가지고 있고 할 수 있는지를 파악하는 것이 아니라 사람들에게 적합하고 적절한 지원이나 조언 그리고 도움을 제공하기 위해 개인과 환경, 개인의 삶 전체를 알아 볼 필요가 있다. 그래서 자산기반실천은 가족이나 친구, 치료사 등 관계자들의 참여와 협력이 중요하다.

2. 자산의 개념과 유형

자산을 돈으로 보지 않는게 저희팀은 좋았어요. 자산접근이다보니 다 돈이라고 생각하시나봐요. 처음 접하시는 분은 다 돈이라고 생각했다가 계속 설명을 해 드리니 이게 지역사회 자립을 목표로 하고 정착을 목표로 한다면 많은 팀원들과 접목해보면 좋겠다는 얘기를 해주셨습니다. 저희가 보통의 삶을 얘기하고 있는데 지역사회 내에서 사회복지 실천현장에서 자산접근 프레임이 구체화되는 실천방법이 아니냐는 이야기를 저희팀에서 했었습니다(중간관리자 FGI 중).

자산의 사전적 의미는 거래를 통하여 획득한 화폐단위로 측정 가능한 재산과 서비스를 받을 권리를 말하며, 다른 개념으로 미래에 대한 선택과 관련된 인지적 능력이나 자립 욕구, 통제 욕구와 같은 심리적 요인을 반영하기도 한다. 즉, 개인이나 집단이 미래에 성공하거나 발전할 수 있는 바탕이 될 만한 것, 미래에 경제적 효익을 창출할 것으로 기대되는 권리나 자원 등을 의미하기도 한다.

일반적으로 자산은 유형자산과 무형자산으로 구분하여 설명하고 있으며, 유형자산은 특정한 형상을 갖추고 있어 시각적으로 인지할 수 있는 자산으로 보고 있고, 무형자산은 시각적으로 인지하기 어려운 정서적 특성을 갖춘 자산으로 정의하고 있다. 이와 함께 지역사회에서 지역주민이 직접 공동으로 이용하는 주민편의시설과 사회기반시설 또한 개인 각자에게 자산으로도 볼 수 있다.

Kretzmann과 McKnight(1993)은 지역사회 자산을 크게 개인, 기관 그리고 물리적 자산으로 구분한다. 첫째 개인적 자산은 지역사회 구성원들이 갖고 있는 개인적 재능, 교육 배경, 예술적 능력, 노동 기술 등 광범위하게 포함된다. 둘째, 기관 측면에서 볼 수 있는 자산은 지역사회에 존재하는 공공기관, 비영리기관 등 지방자치단체, 학교, 경찰, 도서관, 박물관, 종교단체 등 상호조직간 연계 및 지역사회 참여를 위한 활동 등이 포함된다. 셋째, 물리적 자산에는 그동안 활용되지 못했던 공간이나 사회간접자본, 자연자원 등이 포함된다. 공터, 주거지역, 공원, 도로, 학교건물, 공공건물 등 그동안 활용되지 못했던 곳을 발굴하고 적극 활용하는 것이 중요하다고 강조한다.

자산을 강점측면에서 각각 개인과 지역사회 차원으로 나누어 살펴보면 다음과 같다. 개인 측면의 연성(soft) 강점에는 개인의 자질, 지식과 기술(능력), 관계, 열정과 흥미를 들 수 있으며, 지역사회 측면의 soft한 강점에는 이웃과 연계, 공동체 그룹, 공동 이익 집단(shared interest group), 지역사회 지도자들이 해당된다. 개인 측면의 강성(hard) 강점에는 건강, 재정상태, 주거, 이동수단 등이 포함되며, 지역사회 측면의 경성 강점에는 의료서비스, 돌봄서비스, 여가시설, 학교, 지역사회 시설물 등을 들 수 있다.

지역사회 자산은 지역에서 활용 가능한 인적, 물적, 자연적, 공간적인 요소를 통칭한다. 지역 내 존재하는 모든 자산들이 동일한 비중으로 중요한 의미를 가지거나 똑같이 이용 가능한 것은 아니지만 지역자산의 형태와 종류가 무엇이든 지역에서 쉽게 접근하고 활용할 수 있는 것은 모두 자산으로 간주하고, 어떻게 활용할 것인가에 관점에서 접근하는 것이 필요하다(강현철·최조순, 2019).

3. 자산기반접근의 의미와 유용성

사회적으로 고립된 개인은 강한 사회적 유대를 가진 사람들보다 조기에 사망할 확률이 2~5배 더 높다는 연구결과가 있다(Marmot, 2010). 사회적 네트워크는 질병이 발생하는 위험보다 사망률에 더 크게 영향을 미친다고 한다. 개인과 지역사회에 권한을 부여하는 자산기반접근은 사회적 고립을 줄이고 개인의 더 나은 삶을 지속가능하게 할 수 있는 효과적인 여러 가지 접근법 중 하나로 활용되고 있다.

자산기반접근법에서 자산은 개인이 가지고 있는 유용하거나 가치 있는 것을 말하며 인내심, 용기, 결단력 같은 개인적 특성을 포함하여 재산이나 소유물 등을 의미하기도 한다. 자산기반접근은 사람들이 그들의 기술과 자원으로 무엇을 할 수 있는지, 그리고 주변사람들은 그들이 지역사회에서 무엇을 할 수 있는지를 우선적으로 살피도록 한다(SCIE, 2015). 이용자들이 자신의 강점과 역량을 이해하고 커뮤니티 및 다른 네트워크와 서비스를 통해 지원을 받을 수 있도록 도움을 준다. 따라서 자산기반접근법은 사람들이 무엇을 가지고 있고 무엇을 할 수 있는지에 집중하여 생각하고 실천하는 방식이다.

한가지 방식으로 자산기반접근을 설계하고 구현할 수는 없다. 가장 중요한 점은 개인이나 지역사회의 강점을 파악하고 이를 기반으로 개인과 장소를 찾아 연결하는 것이다.

지역 자원의 차이, 돌봄 규모나 수준 차이, 지역주민의 열정, 지식, 기술, 네트워크 등 지역의 특수성으로 지역 간 자산의 수준차가 존재한다. 자산기반접근실천은 지역 내 존재하는 부족한 부분을 보완하는데 효과적인 접근이라 할 수 있다. 수혜자가 공공서비스에 의존하는 전통적인 접근방식은 지역사회변화나 불평등 문제를 해결하는 데 한계가 있었다.

자산기반접근은 지역의 자산과 강점을 기반으로 지역주민들의 참여를 유도할 수 있다는 점에서 지역중심적이다. 자산기반접근은 지역의 서비스공급자원 외에도 지역주민, 비영리단체, 사회적기업 등이 보완적 역할을 할 수 있다는 점에서 비용 효율적이다. 자산기반접근은 기존의 방식을 거부하고 새로운 방식으로의 도전을 장려한다는 점에서 혁신적이다.

자산기반접근법은 개인, 이웃, 단체, 조직 등을 포괄하여 다양한 방식으로 결합할 수 있다. 자산기반접근은 사람들이 함께 일하는 방식을 말하는 것으로 지역주민으로서 지역사회에 참여하거나 자신의 능력이나 강점을 활용하여 다양한 관계망을 형성하고 확장시켜 자신

의 문제를 해결하고 지역안에서 긍정적인 삶의 변화를 이루기 위한
것으로 어떤 환경에서도 적용가능하다 할 수 있다.1) 따라서 자산기
반접근은 단 하나의 모델로 존재하지 않으며 이는 곧 절대적으로 따
라할만한 활용가능한 실천방식이 없음을 의미한다. 이러한 이유로
자산기반접근은 그 고유한 가치와 원칙의 중요성이 강조된다
(McNeish et al, 2016).

[자산기반접근법에 대한 다양한 정의]

> ▸Glasgow Centre for Population Health(2015)
> 자산기반접근은 사람들의 장점을 최대한으로 인식하고 활용하는 것이다. 사람
> 들에게 무엇이 필요한지를 확인하는 것 보다 사람들이 하는 일, 자산에 초점을
> 맞추는 것이다. 자산접근방식으로 일하면 사람들이 서로 더 잘 연결되고 서로
> 를 돌보며 스스로의 삶을 통제할 수 있다. 따라서 개인과 이웃에 대한 자신감,
> 신뢰가 커짐에 따라 지역사회 응집력이 형성된다.
>
> ▸NHS Health Scotlland(2011)
> 자산기반접근법은 개인과 지역사회가 이용할 수 있는 자산, 역량, 자원을 동원
> 하여 자신의 삶과 환경을 보다 효과적으로 통제할 수 있게 하는 것이다.

4. 자산기반접근 적용사례

자산기반접근의 원칙과 목표는 개인과 지역사회가 제공해야 하는
가치를 발견하고 공유하는 것이다. 먼저 자산을 식별하고 동원하기

---

1) 자산기반접근을 자산기반지역사회개발(ABCD)과 구분해서 이해할 필
   요가 있다. ABCD는 Kretzmann과 Mcknight(1993)가 개발한 장소
   기반 접근 방식으로 초기에 미국에서 지역사회개발 분야에서 시작되
   었으며, 낙후된 지역사회 재생을 위한 방식으로 활용되었다. 따라서
   자산기반접근실천은 광범위하게 적용가능함을 의미하며 자산기반지역
   사회개발을 포괄하는 것이다(McNeish et al, 2016).

위해 개인, 단체, 지역사회에서 사용할 수 있는 많은 기술과 방법론
이 있다. 자산을 식별하는 방식은 그동안 개발되지 않은 상태 또는
아직 사용되지 않은 것들을 드러내어 보여주고 사람들이 중요하게
생각하는 것을 공유하고 확인하는 과정이라 할 수 있으며 Asset
Mapping, Appreciative Inquiry(AI) 등이 있다. 자산 동원 방식은
자산을 식별하는 것 이상으로 개인과 지역사회 기술, 자원, 강점, 재
능을 활용하는 다양한 방식들이 존재한다. 실제 자산기반접근법에
대한 실천 사례와 그 효과에 대한 다양한 증거들이 점점 확대되고
있다. 이들은 소규모, 적은 인원으로 긍정적인 효과를 볼 수 있는 방
식으로 자주 활용되는 실천 사례들로 Local Aarea Coordination
(LAC), Shared Lives schemes, Community Circles, Community
Enterprise Development, Asset-Based Community Develop-
ment(ABCD), Time Banks, Peer Support, Community Navig-
ators, Social Prescribing, Small Sparks, 지역사회 옹호 등이 있
으며 여기에 몇 가지 사례를 소개한다.

○ 자산기반지역사회개발(ABCD)

· ABCD(Asset based Community Development)는 1990년대 초
  반 미국에서 시작된 활동으로서 지역의 지속가능한 발전을 위하여
  지역 내에 존재하는 다양한 인적, 물적 자산을 최대한 밝혀내고 활
  용하여 지역공동체의 역량을 발전시키는 공동체 발전방식(Kretz-
  mann & McKnight, 1993; McKnight. 1995; McKnight &
  Block, 2010).
· 지역내부의 역량개발에 초점을 맞추는 것이 핵심이며, 서비스 중심
  사고가 아닌 좋은 삶, 즉 지역사회공동체 구축에 관한 것임을 강조

○ 지역 연계(Local Area Coordination)

· Local Area Coordination(LAC)는 개인과 지역사회와의 관계를 강화하고 자산기반 프로젝트 개발을 촉진하기 위한 활동으로 개인과 지역사회의 자산 연계를 용이하게 할 수 있도록 지원
· 정부 서비스 지원 대상이 아닌 자를 대상으로 일상생활의 어려움을 해결하기 위해 지역사회 활동과 사회 참여 기회를 제공하여 적극적 시민으로 성장하도록 지원, 자기관리, 능력 개발 지원, 지역사회와 경험, 지식 공유
  예: social network group 운영, 스포츠 동호회, 요리모임, 팝업카페 운영, 여행모임 등 LCA에 의해 개발되어 진행

○ 사회적 처방(Social Prescribing)[2]

· 사회적 처방은 정신적·정서적으로 어려움을 겪는 시민에게 약물 처방보다 비약물적 도움(지역사회 활동 참여 등)을 제공해 건강하고 활기찬 삶을 영위할 수 있도록 하는 것
· 많은 시민이 주거·재정·사회환경 등 다양한 요인으로 스트레스를 받고 건강한 삶을 침해당하고 있음
· 지역거점 의료기관인 GP(General Practitioner)에서 받는 약물 처방에 의존해 극복
· 하지만 약물 처방은 근본적 치료가 되기 어려우며, 지역공동체와 의료 전문가의 사회적 도움이 필요. 이에 따라, 런던시장 사디크 칸(Sadiq Khan)은 런던시민을 위한 사회적 처방 프로그램을 계획
· 영국의 의료서비스 제공 기관인 국민건강서비스(NHS), 비영리 건강 복지 단체 'The Social Prescribing Network' 등과 파트너십을 맺어 진행

---

2) 자세한 내용은 아래 링크 참조
   https://www.london.gov.uk/what-we-do/health/social-prescribing
   https://www.westminster.ac.uk/patient-outcomes-in-health-research-group/

- GP를 비롯해 일선에서 환자를 대하는 의료인이 사회적 처방이 필요한 환자를 지역 활동가와 연계, 사회적 처방 활동가는 'Link Worker', 'Support Broker', 'Community Navigator' 등으로 지칭
- 사회적 처방은 대화에서 비롯되므로, 활동가는 먼저 대상자의 이야기를 경청하며 무엇이 필요한지를 파악하는 데 주력, 대상자의 이야기를 토대로 활동가가 맞춤형 사회적 처방을 제안하고, 지역공동체에 참여하거나 새로운 취미활동을 시작하도록 북돋아주고, 사회의 일원으로 활동할 수 있도록 지원, 정신적·육체적 건강을 회복할 수 있는 맞춤형 도움 제공, 기술을 배워 취업할 수 있도록 관련 지원 프로그램 등과 연계

○ Time Banking[3]

- 1998년 글로스터셔의 농촌 지역에서 시작
- 영국 최초의 타임뱅킹 프로젝트인 '타임뱅킹 유케이(Time-banking UK)'
- 영국 내 타임뱅킹의 홍보, 실행 및 개발을 담당하는 상위단체 (Timebanking UK, 2017).
- 타임뱅킹 활동에는 약 4만 1000명의 인원과 5500개 단체가 참여
- 제공하는 혜택으로 복지 증진, 특정 문제의 해결, 소외 경감, 만성적 건강 문제가 있는 사람들에 대한 지원, 지원 네트워크의 장려, 사회적 자본의 구축 등이 있음
- 타임뱅킹은 잠재적 소외 계층을 참여시킨다는 측면에서 사전 예방적이며 사람들을 서비스의 수동적 수혜자가 아닌 개인 복지의 공동생산자로 대한다는 측면에서 변혁적인 성격도 지님

---

3) 자세한 내용은 다음 문헌을 참고
Lent, A. and Studdert. J. 2019. The community paradigm: why public services need radical change and how it can be achieved. London: New Local Government Networks.

○ 스몰스파크(Small Sparks)

- 미국 시애틀에서 시작된 지역사회개발사업
- 발달장애인과 지역주민이 소모임을 형성하여 함께 계획한 선호 활동을 진행하고 기관에서 활동에 필요한 소정 금액의 예산을 지원함
- 영국의 스몰스파크 경우 누구나 활동에 참여할 수 있으며 구성원은 최소 4명부터 시작. 적어도 한명이 발달장애인(지역과 지원기관에 따라 지체 및 정신장애인, 치매 환자가 포함되기도 함) 이어야 하며, 소소한 일상의 모임부터 지역사회 기여활동이나 프로젝트를 진행할 수 있음

○ 지역사회 옹호

- Advocacy in community 지역사회 옹호는 지역사회와 네트워크에서 장애 당사자가 자신의 권리를 확인하기 위해 정보를 얻고 지원을 받음
- 사람들이 할 수 있는 일을 강조하는 옹호활동과 자산기반 접근 가치가 유사함
- 평등의 중요성 강조
- 공통의 경험이나 관심사에 기반한 네트워크도 중요함
  예: people First, 시민옹호 활동 등

▶ 2절 실천의 틀

책 읽기를 좋아하는 81세 여성 A씨는 가족이나 이웃도 없고 휠체어를 이용해 외부활동을 하기에도 어려워 대부분 집에서 시간을 보내고 있다. A씨 집에는 엄청나게 많은 양의 책들이 있다. 사회복지사는 A씨의 강점을 활용하기 위해 지역 도서관에서 운영되고 있는 북 클럽을 알아보고 여기에 A씨가 참여할 수 있도록 연계하였다.

초반에 A씨는 북클럽에 책을 빌려주는 것으로 시작하여 몇 달 후 핵심 멤버로 참여하였다. A씨의 북 클럽 참석을 위한 이동은 동네 주민이자 북클럽 회원 중 한명이 자원해서 도와주었다. 장시간 독서를 통해 쌓인 A씨의 통찰력은 북클럽이 활성화되는데 큰 힘이 되었다. A씨는 자신이 다른 사람들에게 쓸모 있다고 느낀 적이 이번이 처음이라고 했다. 그동안 사회복지시설에서 A씨에 대해 기록한 내용 대부분은 '도움이 필요한 사람' 또는 '도전적인 행동'을 보이는 사람 등에 관한 것들이었다.

자산 기반 접근방식으로 관리한다는 것은 무엇을 의미하며 자산기반에 근거한 조직은 어떻게 운영되는가? 자산기반접근은 개인이 자신의 강점과 능력을 최대한 활용하도록 권장된다. 사회적 포용, 기회, 웰빙은 자산기반접근방식의 근간을 이루는 핵심원칙이다. 자산기반접근 방식은 첫째, 권리기반이고 사람중심적이다. 둘째, 명확한 윤리와 가치 기반에 근거한다. 셋째, 다학제적, 전체론적 견해를 가지고 있다. 넷째, 자신의 돌봄 욕구보다 훨씬 더 많은 강점을 가지고 있다는 전제를 기반으로 한다. 다섯째, 사람의 자원, 능력, 기술을

출처: UK Department of Health and Social Care, 2019.
[그림 2-2] 자산접근 실천의 구조

활용하고 소셜 네트워크 및 커뮤니티와 연결하는 것이다. 위에 언급된 사례는 A씨의 강점을 최대한 활용하고 지역사회 참여를 통한 복지향상에 중점을 둔 개입(중재)기술을 사용하였다는 데에 의의가 있다.

본 장에서는 자산기반접근을 실천하는데 가장 첫걸음이라 할 수 있는 강점기반접근을 위한 실천방식으로 사회복지사가 실무적으로 참고할 수 있는 유용한 구조로 '가치와 윤리', '지식과 협력', '이론과 방법', '경험', '기술'에 대하여 살펴보려고 한다.4)

1. 가치와 윤리

로저스의 인본주의적 철학 관점은 그의 인간 이해에서 가장 명확하게 나타나 있다. 로저스는 인간을 선하고 신뢰할만한 존재로 보며, 내면에 타고난 지혜를 간직하고 있다고 이해한다. 이러한 인간에 대한 긍정적인 이해를 바탕으로 인간이 스스로 자신의 성취를 향해 나아가는 방향성과 힘을 가지고 있으며, 자신을 초월할 수 있는 능력을 소유하고 있다고 역설한다. 로저스는 인간의 실현경향성을 모든 살아있는 유기체의 특성이라고 주장하면서, 생명이란 "수동적인 과정"이 아니라 "적극적인 과정"이라는 점을 강조한다. 즉 생명체는 자신을 유지하고 발전시키며 재생산하는 방향으로 나아간다는 것이다.5)

---

4) 본 장에서 소개하는 실천의 틀(가치와 윤리, 지식과 협력, 이론과 방법, 경험, 기술)은 Strengths-based approach: Practice Framework and Practice Hadbook, UK Departmet of Health & Social Care(2019) 내용 중에서 가져온 것임을 밝힌다.

5) 로저스는 그의 유명한 감자 예화를 통해 자신의 관점을 설명한다. 자신이 어렸을 때, 겨울 동안 먹을 감자를 상자에 넣어 지하실 작은 창문에서 멀리 떨어진 바닥에 놓아둔 적이 있었다고 한다. 시간이 지나 지하실에 들렀을 때, 그 감자는 비록 봄에 땅 속에서 올라오는 건강한

자기실현경향성은 인간이 가진 기본적인 욕구인 성장과 자기실현
을 향한 욕구를 내포하고 있는 것이다. 그리고 이러한 경향성은 그
사람의 왜곡되고 뒤틀린 심리적 방어기제 속에 깊이 묻혀 있지만 적
절한 환경을 만나면 회복되고 표현될 수 있다는 것을 암시한다. 모
든 유기체는 내적인 선함을 간직하고 있기에 사회가 그들에게 도움
을 주고 협조하는 방식으로 대할 때 실현경향성은 더욱 진작된다(이
창규, 2018).

사회복지사는 개인의 삶을 소중히 여기고 지나온 삶에 호기심을
보일 필요가 있다. 개인이 지역사회에 기여할 수 있는 부분과 지역
사회가 개인에게 할 수 있는 기여를 중요하게 생각한다. 개인은 지
역사회의 귀중한 구성원으로 살 수 있고 존중받고 존엄성을 가질 수
있다는 것에 집중한다. 돌봄은 개인의 복지 증진으로 이해할 수 있
으며 인권, 옹호, 학대 및 방치로부터의 보호, 사회에 대한 개인의
기여, 일상생활에 대한 개인의 통제 등이 개인의 복지 증진에 포함
될 수 있다. 사회복지사는 개인이 지역에서 어떻게 행복할 수 있을
지, 어떻게 자립을 지원할 수 있을지 How, What에 대한 고민을 해
야 한다.

다음 표에서 보여주는 것처럼 '가치와 윤리'에 대한 사회복지사의
전문적 실천으로 사회정의는 나 혹은 경험한 사람에게 무엇을 의미
하는가?, 불평등과 불공정의 문제는 무엇인가?, 당사자의 목소리, 전
문적 판단, 기관의 요구 사이의 갈등은 무엇인가? 등을 들 수 있다.
이에 따른 생각과 고민은 '나의 윤리적 가치는 철학적 접근방법인
가?', '나에게 사람들에게 또는 사회에게 돌봄이란 어떤 의미인가?'
등을 꼽을 수 있다.

초록색 싹은 피우지 못했지만 멀리 창문을 통해 들어오는 빛을 향하여
다소 창백해 보이지만 흰색 싹을 피우고 있었다. 그는 여기서 유기체
의 생명을 향한 지향성을 보았다고 말한다.

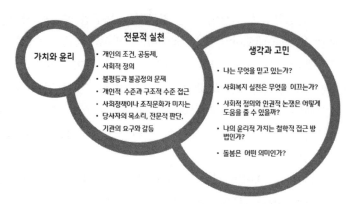

출처: UK Department of Health and Social Care, 2019.
[그림 2-3] 자산접근 실천의 가치와 윤리

2. 지식과 협력

자산기반 접근법은 공동생산(co-production) 활동이다. 공동생산은 전문가와 서비스 이용자 간의 평등하고 호혜적인 관계에 초점을 맞춘다. 그러한 관계에서는 지식, 경험 및 역량을 통해 지속가능하고 효과적인 해결책이 제시되며, 권력관계가 재편된다. 공동생산은 서비스를 설계 및 제공하는 사람뿐만 아니라 서비스를 이용하는 사람들의 적극적인 참여를 필요로 한다. 공동생산이라는 맥락에서 사람들은 (인적)자산으로 간주되고, 호혜적인 관계가 구축되며, 강력하고 지원가능한 지역사회 네트워크와 사회적 네트워크가 형성된다.

이러한 연대와 협력의 좋은 모델로 1998년 글로스터셔의 농촌 지역에서 시작된 영국 최초의 타임뱅킹 프로젝트인 '영국 타임뱅킹(Time Banking UK)'를 들 수 있다. 이는 영국 내 타임뱅킹의 홍보, 실행 및 개발을 담당하는 상위단체이다(Time Banking UK, 2017). 타임뱅킹 활동에는 약 4만 1000명의 인원과 5500개 단체가 참여하고 있다. 제공하는 혜택으로는 복지 증진, 특정 문제의 해결,

소외 경감, 만성적 건강 문제가 있는 사람들에 대한 지원, 지원 네트워크의 장려, 사회적 자본의 구축 등이 있다. 타임뱅킹은 잠재적 소외 계층을 참여시킨다는 측면에서 사전 예방적이다. 뿐만 아니라 사람들을 서비스의 수동적 수혜자가 아닌 개인 복지의 공동생산자로 대한다는 측면에서 변혁적인 성격도 지닌다(Lent, 2019).

강점접근에서 사회복지사는 개인의 문제 그 이면을 바라보는 능력이 있어야 한다. 당사자의 삶 전체를 바라보고 모든 상황을 살펴볼 수 있어야 한다. 중요하게 다뤄져야 할 지식으로 개인으로서 당사자는 누구인지, 어떤 감정을 느끼고 있는지, 당사자에게 중요한 것은 무엇인지, 지역사회에 무엇이 있는지 등에 대한 것들이다.

사회복지사는 당사자에 대한 지식과 전문적인 판단에 근거하여 개입을 선택하고 결정해야 한다. 이때 예를 들어 당사자가 겪고 있는 도전적인 행동이나 현재 직면하고 있는 잠재적인 위험 등과 같은 정보가 당사자가 원하는 것, 좋아하는 것에 초점을 맞추는것보다 더 중요하게 다뤄지고 있는 것은 아닌지 점검할 필요가 있다.

다음 표는 '지식과 협력'의 전문적 실천에서 공동생산, 공동설계를 위한 공동창작, 강점기반 실천 접근과 모델, 서비스를 이용하는

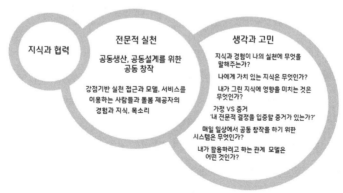

출처: UK Department of Health and Social Care, 2019.
[그림 2-4] 자산접근 실천의 지식과 협력

사람들과 돌봄 제공자의 경험과 지식 등을 포함하고 있다. 이에 따른 생각과 고민의 지점은 '나에게 가치 있는 지식은 무엇인가?', '내 전문적 결정을 입증할 증거가 있는가?', '내가 활용하려고 하는 관계 모델은 어떤 것인가?' 등을 들 수 있다.

3. 이론과 방법

자산기반의 접근은 욕구중심의 접근과 대비된다. 욕구중심의 접근은 문제를 중심에 놓고 이것이 더 나빠지지 않거나 더 심각한 부정적인 영향을 미치지 않도록 하는 방식으로, 지금까지 복지서비스를 운영해 온 주류적 방식이다. 반면에 자산기반의 접근은 문제에도 불구하고, 다른 사람과 함께 스스로 대처해 가도록 어떻게 도울 것인가를 고민하는 방식이다. 그러나 실행 차원에서 보면 아직 자산 중심의 접근은 어색하고 낯선 방식이다. 또한 이 접근법의 긍정적인 영향 또한 증명된 적이 적다고 할 수 있다. 이러한 경험과 근거 부족은 강점기반, 자산기반접근의 실천을 구현하는데 제한적일 수 밖에 없다. 이와 함께 또 하나의 제한적이고 도전적인 상황은 이 방식의 적용을 가능하게 하는 조직시스템이나 절차가 마련되어 있지 않다는 점이다.

이에 대하여 Garven 등(2016)은 서비스를 수행하는 기관의 건강한 조직문화가 전제되어야 함을 강조한다. 다양한 지역사회 구성원, 다른 서비스 조직, 지역사회 단체 등과 협력해야 하는데, 이것이 가능하기 위해서 자유롭고 창의적인 조직문화가 만들어져야 한다. 자산접근을 주도할 수 있는 지도자가 양성되어야 하며, 이를 공유하고 실행할 수 있는 실천가들이 교육되어야 한다. 이들을 통해서 자산접근의 비전이 개발되고, 창의적인 방법으로 수행될 수 있다. 또한 사람과 조직들을 연결할 수 있는 신뢰할 수 있는 관계가 만들어져야 한다. 관계의 개발은 즉각적인 이익을 받지 못하더라도 관계를 지속하는 유인이 있어야 하는데, 서비스 기관의 성과체계가 그 가능성을 강조하고 있다.

다음 표의 '이론과 방법'의 영역에서는 생태학적, 체계론적, 사회학적, 심리학적 등의 다학제적인 실천과 의사소통, 자산과 강점기반, 인간발달 이론 등을 들 수 있다. 더불어 '나는 무엇을 했고, 무엇이 달라졌는가?', '나는 어떤 이론과 방법을 배웠는가?' '강점기반 접근의 이론과 방법에 대한 도전은 무엇인가?'등은 생각하고 고민해야 할 점이다.

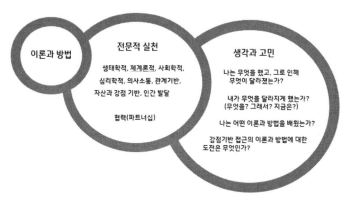

출처: UK Department of Health and Social Care, 2019.
[그림 2-5] 자산접근 실천의 이론과 방법

4. 경험과 학습

로저스에 따르면, 삶에 대한 주관적인 경험은 인간의 판단과 행동의 기초가 된다. 그래서 인간의 행동을 결정짓는 것은 외적이고 객관적인 현실이라기보다는 현상학적이고 내적인 실재이다. 인간의 의식적이고 무의식적인 경험은 그 사람의 현상학적 장(phenomenological field)을 이루게 되는데, 의식적인 경험 혹은 자각은 말로 표현되거나 상징화 될 수 있는 경험인 반면, 무의식적인 경험은 표현되거나 상징화되기 어려운 것이다. 로저스는 건강한 사람은 자신의 경험을 정확하고 적절하게 표현하고 상징화할 수 있지만, 건강하지 않은 사람은 자신의 경험을 왜곡시키거나 억압하며, 그 경험을 정확하게 상징화하거나 충분히 감지하지 못한다고 주장한다. 로저스의 사람, 존재, 관계 등에 대한 의미 부여는 오늘날 사회복지 현장에서 여전히 귀를 기울여야 할 중요한 통찰로 여겨진다(이창규, 2018).

사회복지사는 학습과 실천을 통해 다양한 경험이 쌓일 수 있도록 지속적인 노력이 필요하다. 이전 경험에 대한 자기반성에서 얻은 학습이 쌓이면 개입에 대한 전문성이 향상될 수 있다. 욕구기반의 이전 경험에서 대부분의 사회복지사는 개입 시 당사자의 '문제'에 너무 집중하는 경우가 있었다. 자산접근에서는 당사자 개인에 더 집중해야 함을 강조한다. 때로는 개인별지원, 개별맞춤은 종종 개인에게만 국한되어 사람들 간 관계를 맺거나 지역사회나 공동체와 연관 지어 아무것도 하지 않는 경우가 있다. 예를 들어 참여자의 목표가 쇼핑을 가고 싶어 한다고 했을 때, 개별맞춤 지원은 단지 쇼핑을 하러 간다. 그러나 자산기반접근을 적용하자면 지역사회자원과 지역 상점 주인과의 관계를 구축하고 참여자의 기술을 개발하고 스스로 쇼핑할 수 있는 능력을 키울 수 있는 도구를 제공하는 방법을 생각해볼 수 있다.

다음의 표에서 '경험'에 관한 사회복지사의 실천적인 모습들을 찾아보면 '내가 하는 실천에 영향을 미치는 경험을 확인할 수 있는가?', '전문적 영역, 개인적 영역 내에 어떤 경험을 했는지 알아차릴 수 있는가?', '장단점은 무엇인가?' 등이 있다. '경험' 영역에서의 생각과 고민은 '내가 이전에 했던 방법은?', '나는 무엇을 할 수 있나?', '어떤 경험이 강점이고 이를 위해 어떤 경험이 필요한가?', '전문가로서 한 사람으로서 나의 가치와 윤리를 돌봄 철학에 어떻게 연결할 수 있는가?' 등이다.

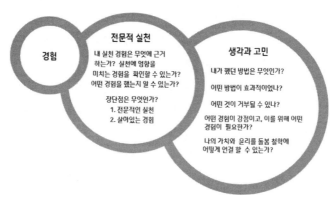

출처: UK Department of Health and Social Care, 2019.
[그림 2-6] 자산접근 실천에서의 경험

5. 기술

사회복지실천의 기본이 되는 다른 기술로 대인관계기술, 옹호기술, 의사소통 능력 등이 중요하다. 자산기반접근을 실천하기 위해 다른 사람을 대신하여 옹호하는 능력, 이를 위해 사회복지사가 다른 사람들의 생각이나 희망사항을 적절하게 표현하고 차이를 알아내고 지역사회필요서비스를 얻기 위한 노력이 필요하다. 탁월한 옹호기술은 개인의 삶에 긍정적 변화를 가져오게 하고 권한을 갖게 한다. 또한 대화를 시작하기 위해 필요한 관찰기술, 비언어적 의사 소통 기술을 포함하여 서면이나 구두를 통한 효과적인 의사소통기술이 필요하다. 다양한 접근방식으로 조언을 하거나 정보를 제공할 수 있는 능력, 청취와 공감 능력, 개방형 질문을 하거나 반구조화된 대화를 이끌어내는 인터뷰 기술 등이 중요하다.

자산접근방식에서 소통하는 방식의 가장 중요한 지점은 우리가 만

나는 모든 사람들 그리고 그 가족들은 그들 스스로가 삶의 전문가라
는 것을 인식해야 한다는 점이다. 우리가 사용하거나 활용할 수 있
는 자원과 기술은 장애당사자들이 원하는 것과 그들이 할 수 있는
것에 근거하여 사용되어야 한다. 우리가 만나는 많은 사람들과 그들
의 가족들은 긴급한 도움이 필요한 경우가 많다. 때로는 당사자의
자격여부를 판단하기 위해 적격성 심사에 많은 에너지를 쏟거나 장
기적인 계획을 세우기 위해 아까운 시간을 허비하지 않아야 한다.

다음 표에서는 '기술' 영역에서의 사회복지사의 전문적 실천을 보
여주고 있는데, 관계형성, 웰빙 방식의 계획, 맵핑, 코칭, 멘토링 등
이 있다. '기술' 영역에서의 생각과 고민은 '나는 어떤 기술을 사용
했나?', '내가 무엇을 달라지게 했나?', '내 기술이 미시, 중시, 거시
수준에서 어떻게 적용되었나?', '고려해야 할 다른 기술은 무엇이 있
나?', '나는 같이 하고 있나? 그렇지 않나?' 등을 들 수 있다.

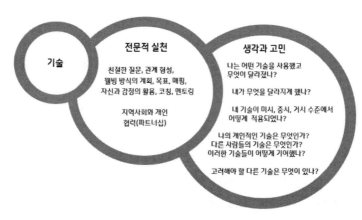

출처: UK Department of Health and Social Care, 2019.
[그림 2-7] 자산접근 실천에서의 기술

3장

자산접근 실천의 방법

3장 자산접근 실천의 방법

▶ 1절 실천의 원리

1. 두 가지 접근법

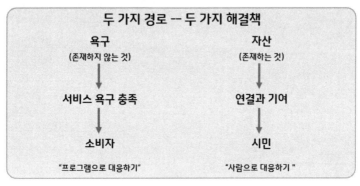

출처: Green, M. Moore, H. and O'Brien, 2006.
[그림 3-1] 욕구접근과 자산접근의 비교

자산접근을 이해하기 위해서는 두 가지 경로와 대안에 대해 먼저
이해할 필요가 있다. 기존의 욕구중심의 접근은 현재 보이지 않는
것, 즉 부족한 것에 집중한다. 따라서 어떤 서비스가 필요한지. 당사
자의 욕구를 해결하기 위하여 필요한 서비스가 무엇인지를 찾고 연
결하는데 집중한다. 당사자는 서비스를 구매하는 소비자로서 역할에
주목하며 스스로가 줄 수 있는 것 보다 얻는 것에 집중한다. 이러한
방식은 당사자의 능력을 약화시키는 방식으로 자신을 의존하는 사

람, 도움을 받는 사람으로 한정짓게 만들 수 있다. 이렇듯 프로그램이나 서비스 제공처에만 의존하여 문제를 해결하는 방식은 개인이나 지역사회에서 자산을 찾고 동원하는데 한계가 있다.

반면에 자산접근은 그들에게 무엇이 있는가를 살피는 것으로 시작한다. 즉 실제로 존재하는 것 '있는 것'에 관심을 둔다. 개인이나 지역사회가 이미 가지고 있는 것을 파악하여 문제를 해결하려는 것이다. 따라서 무엇을 가지고 있는지, 가지고 있는 것을 어떤것과 연결시킬 수 있는지, 어느 곳에 기여할 수 있는지에 대해 집중한다. 예를 들어 그간 교통약자로서 장애를 가진 사람들은 이동권과 접근권에서 상당 부분 많은 제약이 있었다. 이들은 이동 시 도움이 필요한 사람으로 인식되었다. 그러나 자산기반접근방식을 적용하면 교통약자로서 겪은 다양한 경험들은 이들에게 자산이 된다. 이들은 지역사회 내 이동권이나 접근권을 향상시키기 위해 어떠한 부분을 보완해야 하는지에 대해 다양한 아이디어를 생산해 낼 수 있는 강점이 있다. 이들의 경험과 지식을 지역사회 문제해결을 위해 활용할 수 있는 것이다. 결과적으로 욕구기반 중심의 접근은 욕구해결을 위해 프로그램으로 대응하는 소비자로 당사자의 존재를 확인한다면 자산기반접근은 시민으로 대응하는 큰 차이가 있다.

2. 사람중심과 지역사회 중심의 결합

사람중심적이고 결과지향성을 담고 있는 자산접근법은 개인이 원하는 목표를 달성(성취)하도록 돕는 것을 말하며 개인, 가족 및 지역사회를 돌봄과 복지의 중심에 두고 그 구성원들의 관계를 강화하고 사회적 자본을 구축하는 것을 목표로 한다. 기본적으로 사람들은 자신의 문제를 스스로 해결할 능력이 있는 것으로 전제되며 따라서 서비스 당사자들 간 관계와 협업을 중요한 부분으로 다룬다.

출처: Green, M. Moore, H. and O'Brien, 2006.

[그림 3-2] 자산접근: 사람중심과 지역사회 중심의 결합

지역의 조직과 시민들이 무엇을 할 수 있는지에 대해 살핀다. 그리고 지역의 문제나 상황에 관심을 기울이고 이를 해결하기 위해 지역의 자산과 잠재력에 대한 정보를 수집한다. 지역의 상황과 필요에 따라 실현방식은 다양할 수 있어 하나로 표준화하긴 어렵지만 개인 또는 지역사회 자산을 기반으로 기존의 자원을 보다 효율적으로 배치할 수 있도록 지원하는 것이 중요하다.

지금까지의 서비스제공중심 접근법은 사람들의 삶이 얼마나 복잡하고 다양한지 인식하지 못하고 사람중심의 돌봄을 지원하거나 확장시키지 못한다는 비판이 있다. 자산기반의 사고방식은 개별화 및 공동생산에 광범위하게 영향을 미치며 파트너십을 통해 협력이 이루어진다. 따라서 선택, 통제, 시민권, 연계성은 자산기반 활동의 토대가 되는 공통 주제들이다.

서비스를 지원하는 사람과 서비스를 제공받는 사람 간의 협동과정으로 사람의 강점과 자산을 끌어내기 위한 파트너십을 기본으로 한다. 협력적인 방식으로 일한다는 것은 개인이 그 서비스의 소비자가 아닌 돌봄서비스와 지원의 공동생산자가 될 수 있는 기회를 추구한다. 따라서 서로간의 관계의 질 또한 중요한 부분이다(SCIE, 2014).

사람중심 계획은 당사자의 가족과 친구 등과 함께 그 사람에게 현재와 미래에 중요한 것이 무엇인지 계속해서 경청하고 배우는 과정으로 주요 특징은 다음과 같다.

1. 그 사람이 중심이다.
2. 가족구성원과 친구들은 계획의 파트너이다.
3. 그 사람에게 중요한 것, 당사자의 능력, 당사자가 요구하는 지원을 계획에 반영한다.
4. 계획은 서비스가 아닌 삶을 지향하고, 실현 가능한 것을 반영한다.
5. 계획은 계속해서 경청하고, 배우고, 행하는 것이다.

계획을 세우기 위하여 다양한 공식적, 비공식적 접근 방법을 사용하여 당사자, 촉진자들, 지원써클과 회의를 개최한다.

- MAPs (Making Action Plans)
- PATH (Planning Alternative Tomorrows with Hope)
- ELP(Essential Lifestyle Planning)
- Personal Futures Planning
- 사람중심 사고와 촉진적 접근
- 기타 다양한 비공식적 방법들

출처: Ontario Ministry of community and social services, 2013.

[그림 3-3] 사람중심 접근의 특징과 방법

사람중심실천은 모든 사람들은 자신의 삶을 재구성할 권리와 잠재력을 존중받아야 한다는 것을 전제한다. 사회복지사는 장애인을 파트너로 인식하고, 장애인이 직접 결정할 수 있도록 지원해야 함을 강조하고 있다.

사람중심접근은 장애인당사자를 중심으로 계획을 세우고 장애인 당사자가 스스로 서비스 통제권을 발휘할 수 있도록 하는 것이다. 장애인이 원하는 것에 맞추어 그들이 기여할 수 있는 활동을 중심으로 진행되어야 하며, 시설이 아닌 지역사회에서 일상을 공유할 수 있도록 한다. 장애인들이 하고 싶고 해야 하는 것을 중심으로 사회

개인의 성과

- 당사자가 이용할 서비스와 환경을 선택할 수 있게 된다.
- 지역사회자원에 대한 이해와 접근이 높아진다.
- 당사자가 지역사회 자원을 활용하는 방법에 더 익숙해 진다.
- 조력자를 만나게 된다.
- 삶에 대한 통제권을 갖게 되어 삶의 질이 높아진다.
- 흥미가 있는 지역사회 활동에 더 쉽게 참여할 수 있다.
- 당사자가 지역사회 사람들과 사회적 관계를 맺는다

시스템의 성과

- 지역사회 지원이 강화되고, 정부지원 서비스의 지속 가능성을 높인다.
- 발달장애인들이 시민으로서의 기여도가 높아진다.
- 서비스 제공기관과 제공자들의 민감성이 높아진다.
- 정부가 제공하는 서비스에 대한 의존이 줄어들 수 있다.
- 서비스 유연화와 사람중심지원으로 만족도가 높아진다.
- 예방적이고 책임 있는 서비스와 지원이 확대되어 위기 상황에 있는 사람들이 줄어들게 된다.

출처: Ontario Ministry of community and social services, 2013.

[그림 3-4] 사람중심 접근의 특징과 방법

복지사는 균형감을 가지고 당사자들이 최종적으로 결정할 수 있도록 지원하는 역할에 집중해야 한다. 도움이 필요한 대상 또는 부족한 부분을 채우는 대상으로 장애인들을 이해하는 대신 그들이 가지고 있는 장점과 재능을 충분히 찾아내는 것이 중요하다는 사실을 기억해야 한다.

▶ 2절 실천과정

1. 개인의 강점과 자산 발견

개인의 강점과 자산을 중심으로 사람중심접근을 실천하기 위해서는 모든 결정의 중심에 사람을 세워야 한다. 사람중심 대화를 통해 개인의 강점, 선호도, 염원, 필요를 각 개인별로 그림을 그리도록 한다. 때로는 그림을 그려보는 방식이 효과적일 수 있다. 취약한 사람들을 존중하고 권한을 부여하는 독립적 옹호를 포함하여 당사자가 자신의 의견과 견해를 표현할 수 있도록 지원하고, 당사자가 원하는 사회적 네트워크(돌봄제공자, 가족, 친구, 옹호자)를 포함시키고, 그들이 제공할 수 있는 가능한 지원을 탐색한다. 당사자가 돌봄과 지원서비스, 재정적 조언, 보호절차, 권리와 자격 등에 대한 정보를 제공받고 있다고 느낄 수 있도록 다양한 정보를 공유한다. 이를 통해 자신의 삶에 대한 독립적인 결정을 내릴 수 있도록 지원하는 것이다. 장애인당사자들을 위한 이러한 지원 방식이 개인이나 개인을 둘러싼 환경에 적합한지 확인하고 긍정적 위험 감수를 위한 활동을 한다.

1) 자산기반실천을 위한 3가지 대화법[1]

- 개인의 자산과 지역사회 자산 및 강점을 기반으로 대화를 나눈다.
- 위기상황에서 장기계획을 세우지 않는다(상황마다 다르게 생각한다).
- 이미 알고 있는 정보를 기록하기 보다 "대화"를 나누고 기록한다.
- 서비스 평가가 아닌 삶을 논의한다.

자산기반접근실천에서 가장 중요한 것 중 하나는 대화의 기술이다. 질문은 구체적이고 개방적이어야 하며 좋은 질문을 던져야 하고 구체적이어야 한다. 따라서 질문도 달라져야 한다. 그러나 경험이 부족하고 관계망이 한정되어 있는 이용자를 대상으로 정보를 수집하거나 다양한 질문을 하기가 쉽지 않다.

여기에 제시된 단계별 대화방식은 당사자들과 개방적이고 즐거운 대화를 나누는 것에 관한 것으로 장애인이 그들의 삶을 더 잘 살 수 있도록 어떻게 협력할 수 있을까에 집중한다. 주로 사람들의 강점과 지역사회 자산에 중점을 두고 진행되며 사회복지사들이 장애당사자들의 이야기에 열심히 귀를 기울이고 그들의 바람과 강점에 기초하여 그들을 지역사회 구성원, 공동체, 지역사회 조직과 연결시켜 그들의 삶이 나아지도록 하는데 유용한 방식이 될 것이다.

그간 많은 사회복지사들은 장애당사자들이 지역주민으로서 권한을 강화하거나, 역량을 개발하는 것보다 자격심사나 사정(평가)에 너무 집중한다는 인식이 있었다. 이 대화방식의 핵심은 장애당사자 또는 가족들에게 정말 중요한 것, 그들에게 무슨 일이 일어나야 하는지, 그리고 장애당사자들이 얼마나 유능한지를 이해하는데 도움이 될 것이다. 사회복지사들은 개인과 지역사회 강점과 자산을 확인하기 위해 세 가지 대화 방식을 사용하기를 권장하며 구체적 내용은

---

1) 자세한 내용은 여기 참조
   http://partners4change.co.uk/the-three-conversations/

다음과 같다.

(1) 초기만남에서의 대화

대화의 첫 번째 단계는 장애 당사자 스스로 무엇을 필요로 하고 어떤 것을 기여할 수 있는지를 알아보는 것이다. 그리고 가족이나 지역사회 내 지원 가능한 자원과 연결하는 것이다. 장애인과 그들의 가족들에게 중요한 것이 무엇인지 이해하기 위해 열심히 경청하고 그들이 독립적인 삶을 살아갈 수 있도록 관계를 맺고 함께 하는 것이 중요하다. 따라서 대화는 당사자들이 우리에게 말하고 싶은것과 우리가 알고 싶어 하는 것에 집중하면서 진행되어야 한다. 대화하면서 특정 우려사항이나 위험상황을 포착한 경우 추가 조사를 위해 기록한다. 가능한 이용자의 삶에 영향을 미치는 상황을 파악하는 한편, 개인의 긍정적인 면을 기록한다.

이 단계에서 활용할 수 있는 질문은 다음과 같다.

○ 이용자의 강점, 취미, 능력, 지식, 소망, 잠재력 등
- 무엇을 하며 잘 지낼 수 있습니까? 무엇이 즐거운가요? 무엇 때문에 즐거운 일을 더 이상 할 수 없나요?
- 좋아하는 것은 무엇인가요?
- 무엇을 더 잘 할 수 있다고 생각하나요?
- 자신의 웰빙을 증진하기 위해 무엇을 할 수 있나요?
- 상황을 개선하여 나쁜 상황을 예방할 수 있다면 무엇을 할 수 있나요?

○ 이용자의 지원 네트워크, 자원, 기술 등
- 이용자가 의지할 수 있는 사람은 누구인가요? 그 사람을 어떻게 만날 수 있을까요? 그 사람에게 기대할 수 있는 것은 무엇인가요?
- 이용자가 자주 만나는 사람은 누구입니까? 얼마나 자주

만나나요?
- 만나고 싶은데 만나지 못하는 사람은 누구인가요? 왜 그 사람은 만나지 못하고 연락을 할 수 없나요?
- 누구와 의사소통 하나요? 어떻게? 얼마나 자주 하나요?
- 이용자를 돕는 다른 사람들이 있나요? 아니면 다른 지원 인력이 있나요?
- 지금까지 무슨 일이 있었고 무엇이 어떻게 변했나요?
- 지금까지 도움이 되었던 방식은 무엇인가요?
- 지금 상황에서 일상생활을 잘 유지할 수 있나요?

(2) 위기 지원 상황에 대한 대화

두 번째 대화는 겪고 있는 위험 수준이 어느 정도인지 위기상황을 평가하고 이를 해결하는 방법을 모색하는데 집중한다. 위기에 처한 사람들이 안정적인 삶을 지향하고 스스로 삶을 통제 할 수 있는 환경을 조성하기 위해 사회복지사는 대화의 두 번째 단계에서 시급하게 개입해야 할 것이 무엇인지에 대한 계획을 세워야 한다. 그리고 이러한 계획으로 인해 변화가 바로 일어날 수 있는지, 그 계획이 그들에게 효과가 있을지를 확인한다. 이 단계에서 활용할 수 있는 질문은 다음과 같다.

- 가장 시급하게 변화가 필요하다고 생각하는 부분은 무엇이며 무엇을 어떻게 도와드리면 좋을까요?
- 하고 싶은 일을 하거나 보고 싶은 사람을 만나지 못하게 되는 것은 무엇 때문인가요?
- 하고 싶은 것을 하고 만나고 싶은 사람을 만나기 위해 무엇을 할 수 있나요?
- 하고 싶은 것을 하고 만나고 싶은 사람을 만나기 위해 도움을 줄 수 있는 사람은 누구일까요?

(3) 장기 지원 상황에 대한 대화

어떤 사람들에게는 그들이 원하는 삶의 환경을 구축하는 데 있어서 장기적인 지원이 필요한 경우가 있다. 따라서 세 번째 단계에서의 대화는 좋은 삶이 개인과 가족에게 어떤 모습인지를 이해하고, 좋은 삶을 위해 필요한 자원과 개인과 지역사회 자산을 동원하는 최선의 방법에 대해 설명한다. 장기 지원이 필요한 경우 좋은 삶을 살 수 있도록 재정에 대한 부분도 체계화할 수 있도록 지원해야 한다. 세 번째 단계에서 사용할 수 있는 질문은 다음과 같다.

- 당신이 생각하는 좋은 삶은 어떤 모습인가요?
- 당신이 원하는 삶을 지원하기 위해 당신이 가지고 있는 자원을 활용하도록 어떻게 도와드릴까요?

강점과 자산을 확인하기 위해 진행되는 대화기술은 당사자의 반응에 따라 상황에 맞게 진행되어야 한다. 당사자의 상황과 필요한 지원을 융통성있게 대처할 필요가 있다. 당사자에게 너무 많은 질문은 피하고 가능한 대화를 나누는 것이 중요하다. '친구'와 '친절함'의 차이를 이해하고 당사자를 대한다.

2. 자산 맵핑

어떤 친구는 자기한테 좋은 친구고 어떤 친구는 조금 서운한 친구고 어떤 친구는 뭘 하는데 존댓말을 써줘서 고맙고 그런 얘기들을 제가 이 분을 15년 봐왔을 때 그 전에는 이런말을 하지 않았거든요. 이 자산접근을 통해서 이 분이 그걸 얘기해줬다는 거예요. 맵핑의 특징이 경험이 계속 쌓이면서 눈덩이처럼 커진다고 하더라고요. 그 관점이 너무 좋아요. 저는 저 친구의 나쁜 친구가 어떻게 확장될 것인지 어떤 친구가 어떤 좋은 관점에서 어떻게 확장될 것인지가

이제 시작이 되는 거예요. 그게 되게 약간 설레인다 정도까지 갔었
어요(중간관리자 FGI 중).

당사자의 욕구를 충족시키기 위해 개인과 지역사회 자산을 알아내
고, 정리하고 직접적으로 연계시키는 과정을 자산맵핑이라고 할 수
있다.

사회복지사들은 당사자 개인의 기술, 의지, 우선순위 등을 살피고
개인이 무엇을 원하는지, 무엇을 성과(outcome)로 할 것인지 등을
고려하는 등 전체적으로 개인의 삶을 관찰할 필요가 있다. 사회복지
사는 첫 만남 단계에서 확인 된 개별 강점과 자원을 지원 계획 단계
에서 어떻게 배치할 수 있는지 고민할 필요가 있다. 당사자가 원하
는 목표를 달성할 수 있도록 강점과 역량을 확인하고 지역사회 내
자산을 연결하고 더 나아가 지역사회 내 여러 다양한 네트워크를 활
용할 수도 있다.

1) 맵핑을 위한 자산 분류

데이터나 정보를 수집하는 것 보다 때로는 지도를 그려보는 것이
더 나을 수 있다. 지역사회에 숨겨져 있거나 잠재적인 자산들을 발
견할 수 있으며 자산맵핑을 통해 추가적으로 새로운 관계와 가능성
들을 만들어 낼 수 있기 때문이다(Improvement and Develop-
ment Agency, 2010).

자산맵핑을 위해 아래 6가지로 자산을 분류하여 살펴 볼 수 있다.

① 개인의 자산

기술, 지식, 네트워크, 시간, 관심사 및 열정 등이 개인의 자산으
로 분류될 수 있다. 주민들은 거주지에 대한 좋은 점과 지역 사회의
삶을 개선하기 위해 개인이 무엇을 동원할 수 있는지를 확인한다.

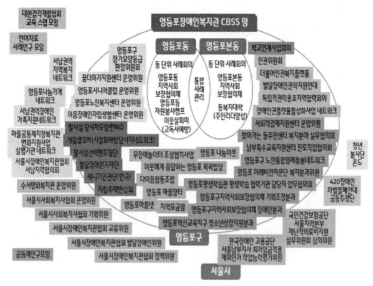

출처: 영등포장애인복지관

[그림 3-5] 지역사회 자산 맵핑 활동 사례

② 협회의 자산

공식적인 커뮤니티 조직이나 자발적인 그룹이 아닌 스포츠 동호회 등 사람들이 모이는 모든 비공식 네트워크와 방법이 포함된다.

③ 조직의 자산

조직이 제공하는 서비스뿐만 아니라 공원, 커뮤니티와 같이 조직이 제어하는 다른 자산 과 기관과 종교 건물 등 실제로 공동체의 복지를 향상시키기 위해 사용할 수 있는 모든 것을 다룬다. 여기에는 새로운 아이디어를 지원하는 데 사용할 수 있는 직원과 영향력, 전문 지식도 포함된다.

④ 지역의 물리적 자산

지역 내 미사용 토지, 건물, 거리, 시장, 교통 수단 등이 포함된다.

이러한 자산을 맵핑하면 사람들이 자신의 가치를 인식하는데 도움이
된다.

⑤ 지역의 경제 자산

경제 활동은 공동체를 다시 만드는데 핵심이다. 지역 경제에서 어
떤 기술과 재능을 사용하는지, 지역 협회는 어떻게 투자를 유치하고
일자리와 수입을 창출하여 지역 경제에 기여하는지, 지역의 공공 지
출이 외부 전문가 대신 현지인을 고용하는 데 사용될 수 있는지, 주
민들은 지역 상점과 기업에서 어떻게 더 많은 돈을 쓰고 지역 경제
활동을 향상시킬 수 있는지를 확인한다.

⑥ 지역의 문화 자산

모든 사람이 자신의 가치와 정체성을 반영하고 창의성을 표현하고
이해력을 향상시키며 자신을 창의적으로 표현할 수 있는 기회를 지

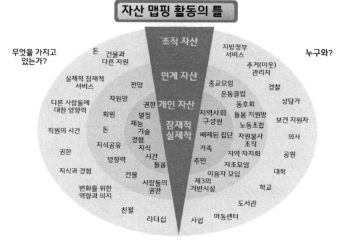

출처: Improvement and Development Agency(I&DeA). 2010.
[그림 3-6] 지역사회 자산 맵핑 활동의 틀

도로 작성하는 과정이 포함된다.

2) 맵핑의 단계

자산 맵핑은 개인과 지역 사회의 자산을 맵핑하는 것으로 시작한다. 자산맵핑 과정을 통해 당사자가 현재 가지고 있는 자산을 확인하고 무엇을 더 채워야하는지를 당사자의 삶 중심으로 상세하게 이해함으로써 당사자가 원하는 목표를 달성하기 위한 실천전략을 세울수 있다. 자산맵핑 과정을 통해 필요 시 자산의 격차를 포함하여 지역상황을 상세하게 이해함으로서 지역사회(공동체) 역량 구축을 위한 전략적 접근을 할 수 있다. 이 과정을 통해 커뮤니티가 이미 보유하고 있는 자원, 활동 및 관심사를 발견할 수 있다.

자산맵핑 수행을 위한 5가지 단계는 다음과 같다(Improvement and Development Agency, 2010).

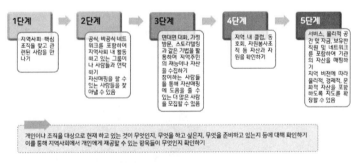

[그림 3-7] 자산 맵핑의 수행 절차

○ 1단계 : 지역사회의 핵심 조직을 찾고 관련된 사람들을 만나라.
○ 2단계 : 공식, 비공식 네트워크를 포함하여 지역사회 내 활동하고 있는 그룹이나 사람들과 연락하라. 자산맵핑을 할수 있는 사람들을 찾아낼 수 있을 것이다.

○ 3단계 : 면대면 대화, 가정방문 또는 스토리텔링과 같은 다른 기법들을 활용하여 지역주민의 재능이나 자산을 수집하라. 참여하는 사람들로 인해 자산맵핑에 도움을 줄 수 있는 더 많은 사람들을 모집할 수 있다.

○ 4단계 : 지역 내 클럽, 동호회, 자원봉사 조직 등 자산과 자원을 확인하라.

○ 5단계 : 서비스, 물리적 공간 및 자금, 보유한 직원 및 네트워크를 포함하여 기관의 자산을 맵핑하라. 지역 비전에 따라 물리적, 경제적, 문화적 자산을 포함하도록 지도를 확장 할 수 있다.

자산맵핑을 수행하는 사람들은 개인이나 조직을 대상으로 현재 하고 있는 것이 무엇인지, 무엇을 하고 싶은지, 무엇을 준비하고 있는지 등에 대해 확인한다. 이를 통해 지역사회에서 개인에게 제공할 수 있는 항목들을 확인할 수 있다. 이러한 자산맵핑은 지역사회 내 각자의 자원을 맵핑하는 전체 시스템을 변경하는데 사용되기도 하고 지역사회나 조직의 변화를 가져오는데 활용된다(Improvement and Development Agency, 2010).

3) 자산 맵핑 시 고려사항

맵핑을 위한 조사를 실시할 때 조사 목적을 명확하게 당사자들에게 전달해야 한다. 이를 위해 맵핑을 통해 무엇을 얻고자 하는지 질문으로 만들어 본 후, 맵핑이 이 문제를 해결하는데 어떻게 기여할 수 있는지에 초점을 둘 필요가 있다. 따라서 맵핑 질문을 맵핑 목표로 전환해보는 것도 제안한다. 맵핑의 목표를 달성하기 위해 어느 정도 수준으로 맵핑을 할 것인지를 검토하는 과정이 필요하다. 맵핑 대상인 지역이나, 그룹에 대한 세부 정보를 파악하는 데 활용할 목적으로 맵핑을 할 것인지, 또는 지역사회 공식.비공식 자원발굴 등 경험 정보까지도 포괄하는지 등 그 범위는 다양할 수 있다. 전자의 경우 기존의 관련 자료 검토로 맵핑이 가능하며 후자의 경우에는 심층적이고 체계적인 맵핑 절차가 필요할 수 있다. 맵핑의 목표는 가능한 현실적이어야 하며 맵핑 완료 시 객관적인 자세를 유지해야 한다. 맵핑의 범위를 자신의 경험이나 느낌으로 제한하면 사실이 아닌 느낌에 편향된 결과물이 생성될 수 있다. 맵핑 목표는 무엇이었고, 달성되었는지, 달성되지 않았다면 이유는 무엇인지를 평가할 필요가 있다. 맵핑 완료 후 발굴 된 서비스나 지원들이 당사자의 욕구(outcomes)를 얼마나 충족시키는지 확인하고 설명할 필요가 있다.

4장

장애인복지관 자산접근 실천

4장 장애인복지관 자산접근 실천[1]

장애인복지관의 경우 최근 들어 CBSS(community based support services), 권익옹호, 시민옹호, 스몰 스파크(small spark) 등 지역사회 현장에서 지역사회의 힘을 결합하는 서비스들이 집중적으로 개발되고 확산되고 있다. 장애인복지관의 서비스는 장애인의 기능향상을 도모하는 기관 내 재활지원서비스와 지역사회 기반으로 접근하는 지역사회지원서비스라는 두 개의 축으로 구성되어 있다고 볼 수 있다. 재활지원서비스는 복지관 내 진단(사정), 계획수립, 실행 등의 절차로 진행되는 사례관리 체계에 의해서 수행된다. 지역사회지원서비스는 이와는 별개로 특별히 정해진 절차 없이 수행되고 있다. 지역사회지원서비스가 사람중심이라는 목표를 명확히 유지하면서 지역사회의 자원과 힘을 잘 결합하려면 사람중심의 사정, 사람과 지역사회가 결합하는 서비스 계획수립, 사람과 지역사회가 함께하는 실천활동 등의 절차가 마련되어야 한다. 본 장에서는 자산기반접근실천의 수행체계에 대해 각 단계별로 설명하고 각 수행 절차에 대한 현장실천가들의 의견과 장애인복지관에서 실제 적용한 사례를 기록 정리하였다.

---

1) 본 장에 기술된 내용은 서울소재 장애인복지관 중간관리자 8명에 대한 심층인터뷰와 서면을 통한 심화 질문 그리고 세 개 장애인복지관에 대한 현장방문을 통해 본 주제와 관련하여 수렴된 의견이 반영되었음을 밝힌다.

▶ 1절 현재 운영 체계

장애인복지관은 오랫동안 지역사회기반 실천을 수행하고 있으며 동시에 최근에는 사람중심실천에 대한 중요성이 부각되면서 새로운 도전에 직면하고 있다. 사람중심실천은 기본적으로 장애인이 원하는 바를 구현하는 것으로 실제 대부분의 장애인은 나와 나를 둘러 싼 주변 사람들과의 소통과 연결 그리고 지역사회 참여를 원하는 것으로 나타난다. 결국 장기적으로 장애인복지관은 사람중심실천과 지역사회 중심실천의 두 축이 자연스럽고 정교하게 결합되어야 함을 인식하고 실행할 필요가 있다.

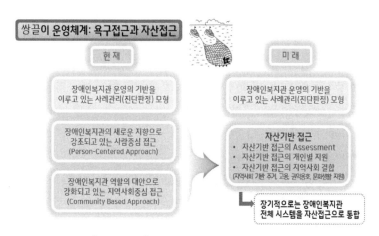

[그림 4-1] 장애인복지관의 현재와 미래

장애인복지관에서 지역사회중심, 사람중심에 관련된 새로운 실천 기법들이 들어오면서 다양한 시도가 나타나고 있으며, 외현적인 실천으로는 조직구조를 개편하고, 행정이나 서식을 바꾸고, 지역사회 자원망을 구축하는 방식등으로 나타나고 있다. 내재적으로는 구체성이 확보된 새로운 실천방식 도입이 아닌 이념적인 또는 방향의 수준

에서 다양성을 존중하는 실천방식을 강조하는 분위기가 만들어지고
있다.

일부 장애인복지관에서는 새로운 실천에 대한 대응으로 예전부터
해오던 서비스를 조금 더 사람중심.지역사회중심실천으로 변화하고
자 노력하고 있으며, 또 한편으로는 사람중심이라고 하는 새로운 트
랜드에 맞춰 외부지원사업을 통해 변화하는 흐름에 맞춰 사업을 수
행하고 있기도 하다. 사람중심, 지역사회중심실천은 현장에서 실천
가들의 활동수준과 이해의 폭에 따라 다양한 개념들이 혼재되어 있
기도 하다. 참여자들이 인식하는 사람중심실천을 보면, 서비스가 아
닌 철학적 관점의 문제, 관계를 확장시키는 방법, 실천적 가치로 이
해하고 있기도 한다.

사람중심실천을 사례관리와 동일하게 이해하기도 하고 PATH,
MAPS는 사람중심실천을 위한 기술로서 이해하기도 한다. 사람중심
과 지역사회 중심의 관계에 대해서는 모호함을 드러내기도 한다. 지
역사회중심실천의 큰 맥락에서 사람중심접근을 하는 형태로, 사람중
심이 지역사회중심을 견인하고 있다고 보는 경향도 있다. 이러한 개
념과 관계의 모호함은 사람중심과 지역사회중심 실천이 각각의 독립
된 형태의 실천이 아니라는 것을 보여주고 있다.

지역사회 중심과 사람중심 실천을 통해서 복지관에서 일하는 사람
들의 역량강화와 성찰이 이루어지려면 장애인복지관의 조직 내부에
서 서로 간 경계를 허물어 가는 과정이 필요하다. 특히 기관에서 지
역사회 중심을 실천하는 팀과 사람중심 접근을 수행하는 팀이 별도
로 존재하는 경우 이를 하나로 인식하고, 실제적인 성과로 통합하여
모으는 과업이 필요한데 관습적인 조직문화 등의 영향으로 실제 쉽
지 않은 상황이다.

자산기반접근은 사람중심실천과 지역사회기반실천을 결합하는 방
식으로 지역사회에서 개인의 웰빙을 향상시키는 것을 목적으로 한
다. 현재 자산기반접근실천의 유용성에 대해 일부에서는 어느 정도

동의하는 분위기가 포착되고 있으나 그 적용방식에 대해서는 두 가지 경로로 나타나는 것으로 보인다. 먼저, 현재의 수행체계를 자산기반접근 방식으로 전체 개편 적용하거나 또는 현재 운영되고 있는 기관의 시스템을 일시에 전환하는데에는 한계가 있어 가능한 순차적으로 조금씩 변화해가는 방식을 들 수 있다. 이러한 운영체제의 적용수준은 기관에 따라 이미 안정권에 도래한 기관부터 여전히 각각의 관점으로 분리되어 운영되는 방식 등 차이가 존재할 수 있다.

▶ 2절 자산접근 수행 절차

자산접근수행절차를 진행하면서 좋았던 점은 확실히 이용자와의 관계는 시간에 비례한다는 것을 느끼게 되었습니다. 그 과정 속에서 많은 것을 담아낼 수 있다는 것을 확실히 느꼈고요. 매우 긍정적인 경험이라고 생각되어졌습니다. 특히 큰 전지를 사용해서 이용자가 스스로 그리거나 적는 방식을 진행해서 스스로 주인공이 되어서 즐겁게 참여했던 모습이 매우 좋았습니다. 담당자인 저도 그렇고 상담팀 직원도 그 부분에 대해서는 매우 만족스러움을 느끼게 되었습니다. 언어표현이 서툴기 때문에 이런 작업시간이 오래 걸릴지라도 한 가지 이상의 당사자 생각을 담았다는데 큰 보람을 느낄 수 있었던 과정이었고요. 이런 과정들이 많아질수록 시민으로서 이용이 가능하지 않을까 생각이 들었습니다(중간관리자 FGI 중).

자산접근실천은 이용자를 중심으로 한 사람중심접근이다. 기존의 서비스 중심의 복지관의 접근체계와는 많이 다를 수 있다. 이용자를 중심으로 각각의 팀들이 또 하나의 자산 역할을 할 수도 있고 네트워크 역할을 할 수도 있다. 기존 복지관의 서비스 체계에서 단번에 자산접근 서비스 체계로의 전환은 어려우며 충분한 시간을 필요로

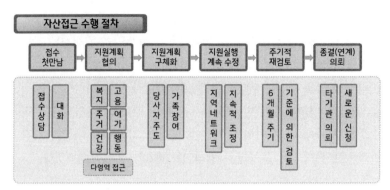

[그림 4-2] 장애인복지관 자산접근 수행 절차

하고, 때로는 팀 간의 저항이 발생할 수 있다. 자산접근에서의 팀의 역할은 이용자 중심의 자산을 이루는 것에 초점을 맞춰야 하며, 상호보완적 역할을 찾기 위한 노력을 필요로 한다.

서비스 중심의 체계에서는 이용자의 욕구에 맞는 서비스 제공이 가장 우선순위가 될 수 있지만, 자산접근기반실천은 복지관의 서비스 체계가 통합적으로 접근되어야만 가능하다. 자산접근 서비스는 이용자의 자기결정을 최우선으로 해야 한다. 이용자가 기존의 서비스 방식이 아닌 자산접근실천방식의 적용을 요구할 때는 복지관은 제공할 수 있어야 한다.

현재의 운영체제를 자산기반접근방식으로 전환하기 위해서는 다음과 같은 진행절차가 필요해 보인다. 먼저 자산접근방식의 assessment를 시작하고, 개인별 지원계획 수립 및 실행, 사람중심과 지역사회 중심 기반의 사례관리라고 불려지는 절차가(process)[2] 실무를 수행하는 틀로 자리매김해 가는 게 필요하다. 구체적인 진행절차는 접수·첫 만남 단계부터 지원계획 협의 단계, 지원계획구체화 단계,

---

2) 자산기반접근방식에서는 '이용자', '사례관리', '사정' 등의 용어는 적합하지 않아 사용을 지양하기도 한다. 본 고에서는 문장의 가독성을 위해 혼용하고 있다.

지원실행계속 수정단계, 주기적 재검토 단계, 그리고 종결 단계로 구
성된다.

1. 접수/첫 만남

자산접근실천에서 첫 만남은 서류작성이나 양식을 채우기 위함이
아닌 개인의 전체적인 삶을 이해하려는 노력이 필요하다. 따라서 정
보를 수집하는 과정은 수차례의 방문과 대화, 관련 서류검토로 이루
어진다.

자산접근의 첫 만남은 사람중심접근으로서 서비스에 맞는 욕구가
아닌 이용자 본연의 욕구를 파악하고, 개인과 가족, 지인, 지역사회
에 이르기까지 모든 자산을 확인하는 과정을 거친다.

접수/첫 만남

자산접근에서 사회복지사들은 개인의 기술, 의지, 우선순위 등을 살피고 개인이 무엇을 원하는지, 무엇을 성과(outcome)로 할 것인
지 등을 고려하는 등 전체적으로 개인의 삶을 관찰할 필요가 있다. 이용자 자신(개인)과 가족들이 '좋은 삶을 살아가기 위해 필요한
것은 무엇인지, 이를 바탕으로 협력할 수 있는 다양한 방법을 찾아 정보를 수집한다.

* 이용자의 강점, 취미, 능력, 지식, 소망 잠재력 등
* 이용자의 지원 네트워크, 자원, 기술 등
* 필요, 도전, 위험 등

✓ 자산접근실천양식 활용

장애인 당사자가 사람을 만나고, 관계를 맺고, 서비스를 이용하며
지역사회를 향유하는 시작점은 '첫 만남'을 통해 이루어진다. 아마도

지금까지 우리는 이 만남을 '사정'이라고 불러왔다. '사정'이라는 말 대신 접수, 상담, 진단, 연결 등으로 기관마다 다양하게 표현하지만, 실제 사정 내용은 유사하다. 주요 내용은 사회적·심리적·교육적·언어적·운동기능·직업적 사정으로 세분화되어 있다. 사회적 사정은 면접과 관찰을 통해 기본적인 인적사항, 주거, 경제, 장애특성, 가족관계, 가계도 혹은 생태도에 따른 사회적 상황과 발달력 등을 수집한다. 심리적 사정은 검사를 통해 지능, 정서, 사회성 등의 기능을 조사하고, 언어적 사정도 유사하게 어휘력, 수용언어, 표현언어, 언어이해력, 문제 해결력 조음 등을 검사한다. 운동기능 사정에서는 관절, 근력, 보행능력, 반사 등을 조사하고, 직업적 사정에서는 언어, 감각, 운동성 등을 평가한다(김용득·김진우·유동철, 2007).

이러한 사정방식은 개인의 신체적·정신적 기능과 구조가 얼마나 손상(impairment)되었는지 조사하는 방법이다. 출발점인 만남에서 '무엇을 할 수 없는 상태'를 증명해야 하고, 서비스 이용 자격 여부를 판단하는 도구로 사용될 수 있다. 결국 사람들은 장애인이 무언가를 할 수 없는 존재로 믿게 되어 일상을 살아간다기 보다는 서비스만이 필요하다고 오해하게 된다(김진우, 2019). 친구가 아닌 선생님과 함께하는 서비스가 일상의 삶이 되고, 부족한 기능을 증진하기 위해 계속해서 더 많은 서비스를 요구하게 된다. 이 때 서비스 수요와 공급이 맞지 않으면, 소수에게만 서비스를 제공하기 위해 더 심각한 손상이 무엇인지 조사하게 되고, 이러한 방식은 결국 장애인 스스로 나약한 존재임을 반복적으로 증명하게 만든다.

반면 첫 만남에서 어떤 강점이 있는가?'를 당사자와 실천가가 함께 알아보고, 활동과 참여를 탐색하는 도구로서 면담이 이루어지도록 하는건 어떨까. 이용자와 제공인력이 공동생산자가 되어 '무엇을 할 수 있는지'를 탐색해보는 것이다. 사회복지사는 장애인 당사자를 믿고 함께하면서 일상에서 더 많은 기회를 제공할 수 있다.

자산(강점)접근 사정은 사람들이 무엇을 좋아하고, 즐기는지에 대

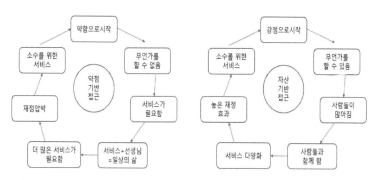

출처: https://www.keyring.org/theory-behind-keyring/theory-behind-keyring.aspx

[그림 4-3] 약점기반 접근과 자산기반 접근의 비교

하여 개인의 강점, 취미, 능력, 소망 등을 알아보고, 개인의 지원 네트워크, 능력, 기술, 지식을 활용하여 미래를 계획하는 도구이다. 자산(강점) 접근 사정의 원칙과 지침은 이러한 원리를 익히는 토대로 사정을 시작하기 전에 충분히 살펴보고 스스로를 일깨우기 위한 준비 단계에서 고찰해야 한다. 사정방식은 적절하게 그리고 상황에 맞게 진행되어야 한다. 개개인의 필요 정도를 고려하여 사정 과정에서부터 의사소통 지원이 제공되어야 하며 이용자에게 필요한 지원 범위를 설정할 때 사람중심으로 수립되었는지 확인한다. 사정 초기부터 당사자의 어려움을 이해하고 들으며, 표면적으로 드러난 것만을 수용하지 않고, 이용자와 가족이 어떤 돌봄이나 지원이 필요한지 인식하기 어려울 수도 있음을 전제하여 근본적인 욕구를 보장하기 위해 지속적으로 탐색하고 이해해야 한다.

발달장애인의 경우는 모두 아시다시피 의사소통에 어려움이 있어서 기존처럼 보여주면서 진행했지만 보호자의 의견이 많이 담기더라고요 그 부분에 대해서 어떻게 접근해야할지 많이 고민할 부분이라고 생각되어지고요. 그리고 진행하는데 있어서 시간이 너무 많이 걸리더라고요. 보통 초기 상담 진행할 때 30~40분 걸리는 반면에 사람중심으로

진행하다 보니 1차 상담이 90분정도 걸리고 2차에서 그림과 글을
사용하는 작업이 한 2시간가량 걸리더라고요 그래서 그 과정에서 실
무자도 그렇고 이용자도 많이 소진이 되고 이용자도 부담이 되는 부
분을 느낄 수 있었습니다(중간관리자 FGI 중).

자산접근실천의 첫 만남은 복지관의 일반적인 서비스 중심의 상담
보다는 더 많은 시간이 소요될 수 있다. 서비스 중심의 상담은 이용
자의 욕구를 파악한 후 신속하게 서비스로 들어가지만, 자산접근의
첫 만남(초기상담)은 사람중심접근으로서 서비스에 맞는 욕구가 아
닌 이용자 본연의 욕구를 파악하고, 개인과 가족, 지인, 지역사회에
이르기까지 모든 자산을 확인하는 과정을 거친다. 그리고, 다른 팀들
의 지원과 협업이 이루어져야만 지원계획이 수립될 수 있으므로 충
분한 시간을 가지고 초기상담에 임하는 것이 바람직하다. 초기 상담
은 1~3회 이상 걸릴 수 있다. 이용자가 삶의 전반을 돌아보며 자신
의 욕구와 자산을 찾는데 시간이 걸리기 때문이다.

지역사회 자원리스트가 체계적으로 잘 정리되어 있지 않으면 안될
거 같아요. 그래야 필요 시 자원연계 등 안내가 용이할 거 같아요.
사회복지사가 지역의 다양한 자원에 대해서 파악하고 있어야 하고,
동시에 첫 만남에서 이용자에 대한 정확한 사정이 이루어져야만 사
람과 자원에 대한 연계가 가능하겠지요. 사회복지사가 인테이크 수
행 경험이 충분하지 않으면 이 일을 해내기가 어렵지 않을까 싶어
요. 처음 방문하는 사람에 대한 인테이크(환대)를 관장님이 하셔야
한다는 그런 의견과 비슷한 거예요. 어느 정도 지역을 잘 아는 사람
이 이걸 해야겠다 이런 생각이 들었고요(중간관리자 FGI 중).

자산접근실천의 첫 만남(초기상담)에서는 사회복지사가 이용자 및
지역사회 정보, 네트워크 경험이 풍부할수록 좋다. 이용자는 자신의
욕구를 자연스럽게 표현하고 자신의 자산 정보를 구체화하는 데 익
숙하지 못할 경우가 많다. 이용자 또한 문제해결중심과 서비스중심

의 관점에 머물러 있을 수 있다. 이때 사회복지사가 이용자의 희망과 강점을 찾는데 도움을 주고, 이용자를 둘러싸고 있는 가족, 지인, 단체, 지역사회의 정보를 알려줌으로써 보다 신속하게 자산접근 서비스를 실행해 갈 수 있을 것이다. 이를 위해서 복지관은 이용자의 자산 정보를 축적하기 위한 교육과 훈련을 해야할 것으로 보인다. 첫 만남에서 대상자에 대한 정확한 사정이 이루어지지 않으면 필요한 자원 연계가 제한적일 수 있다. 상담이나 현장경험이 부족한 사회복지사는 초기상담에서 어려움을 겪을 수도 있으므로 이에 대한 준비를 사전에 충분히 해야할 것이다.3)

---

3) 본서의 3장 2절 자산기반실천을 위한 대화법 내용 참고

[첫 만남 사례 1]_발달장애인 청년 B씨 대화기록지

기관명(S장애인복지관)　　대화 기록지

개인 정보	사례번호	
	이　름	조**씨
	주　소	강동구 길동
	연락처	

함께 논의한 내용

하고 싶은 것을 물었습니다.

　일을 하고 싶은데.. 실은 돈을 벌고 싶다고 합니다. 그런데 지금 취업이 되어 있어서 하고 싶은 것은 없다고 합니다. 얼마전 취업을 하였습니다. 월 60여만원을 받는 일입니다. 몇 달이 되었지만 여전히 좋아하십니다. 취업을 하면 수급권에 영향이 있다는 (실제 가계소득은 30만원 증가) 사실을 아신 어머님께서 취업에 부정적이셨지만, 설득과 지지를 통해 잘 해결해 나가고 있다고 합니다.

잘하는 것에 대해 물었습니다.

　통장을 적게 만드는 것이 잘하는 것이라고 합니다(지적장애인 큰형은 통장을 많이 만들어 가족내에서 문제가 되고 있습니다). 그리고 잘 씻는 것이라고 합니다. 여기에 담당자가 하나 더 잘하는 것을 말씀 드렸습니다. 친절한 말투가 정말 좋다고 지지해 드렸습니다. 무척 고마워 하십니다.

요즘 자주 만나는 분들과 만나고 싶은 분들에 대해 물었습니다.

　코로나19로 자주가는 PC방이 폐업을 하였다면서 '폐업'의 뜻을 물었습니다. 설명드리자마자 코로나로 힘든 이야기를 하십니다.

"사람들이 마스크를 제대로 쓰지 않아서 속상해요"

"친구랑 곱창을 먹고 싶은데 코로나 때문에 못 하는게 속상해요"

"S복지관 문을 완전히 닫아 못 들어가요. 가고 싶어요"

▶ 자산기반접근 상담을 위해 조**님이 편안한 장소인 집 근처 편의점에서 상담을 하였습니다. 그래서 그런지 살이 쪄야 한다면서 맛있게 음식을 드십니다. 물어보니 코로나19 이전에는 복지관 혹은 외부에서 식사를 규칙적으로 하였는데 최근에는 어머니에게 밥 차려 달라는 말이 미안해서 저녁을 안 먹는 일이 이따금 있다고 합니다.

바로 필요한 지원 및 이를 지원할 사람

체중을 늘려야겠다고 이야기하십니다. 얼굴을 보니 평소보다 체중이 줄어 있는 것 같습니다. 어머니에게 밥을 차려주세요 하는 것이 죄송해서 이따금 식사를 거른다고 합니다. 자주 있는 일은 아니라고 합니다. 담당자 역시 어머님께서 조**님을 잘 챙겨주는 것을 알고 있기에 큰 문제는 아니라 생각합니다. 하지만 코로나19 이전에는 복지관에서 규칙적으로 식사를 하였기에 이런 일이 없었다고 합니다.

자신의 이야기를 남에게는 잘하지만 가족에게는 못하는 사람이 있습니다. 조**씨가 그럴 수 있을 것 같습니다. 우선 본인이 이야기하겠다고 하기에 알겠다 하였습니다. 마침 강동구에 빠* * 토 빵집이 복지관에 물품 후원해 주고 있습니다. 불규칙적이기는 하지만 조**씨에게 자주 전달해 드리기로 하였습니다.

2층에 사는 반려견이 요즘 심하게 짖는다고 합니다. 그럴때는 어떻게 하시는지 물어보니 그냥 둔다고 합니다. 마침 4층 사모님께서 빌라를 위해 열심히 하시는 지역주민이기에 도움을 요청드릴까 합니다. 잘 해결 되었으면 합니다.

그간의 사례관리는 6개월 전에 뭘 하셨어요? 3개월 전엔 뭐 하셨어요? 지금은 뭘 하고 싶으세요? 이런 질문이었는데 지금은 PCP기반이니까 달라졌죠. 좀 더 좋은 질문이 많이 나와야 할거 같아요. 좋은 질문에 대한 여지를 조금 더 넣어주시면 좋지 않을까 그러면 더 쉽지 않을까라는 생각이 들었습니다.[4]
(자산기반실천 양식 적용 후 소감 공유)

---

4) 본 서의 3장 2절 자산기반실천을 위한 대화법 내용 참고

[첫 만남 사례 1]_발달장애인 청년 B씨 활동지 1

초기사정 : 하고 있는 일(활동)과 하고 싶은 일(활동)

이 양식은 어렵지 않아서 좋았습니다. 발달장애인분도 그렇고 저도 그렇고 이 접근 방법과 이 양식을 통해서 자유로워진 느낌이었어요. 원 모양의 작업지를 통해서 조금 부드러워진 느낌을 저 스스로 받았고요. 당사자와 상담과정에서 제가 15년 넘게 이 분을 봐왔는데 이웃의 강아지 소음을 제거하고 싶은 욕구는 처음 들었어요. 이 프로세스의 장점이라고 제 개인적으로 생각을 해요. 그전에 저는 관심을 두지 않았어요. 왜냐하면 문제중심이 아니라 강점중심이라 하더라도 대화 자체가 그렇게 흘러가니까요. 근데 여기는 하고 싶은 일, 하고 싶진 않지만 나중에 하고 싶은 일, 나중에 하고 싶은 일이 강아지 소음을 없애고 싶어하더라고요 이런 것들이 당사자가 자연스럽게 나온다는 것에서 되게 괜찮았습니다.
(자산기반실천 양식 적용 후 소감 공유)

[첫 만남 사례 1]_발달장애인 청년 B씨 활동지 2

초기사정 : 함께 하고 있는 사람과 함께하고 싶은 사람

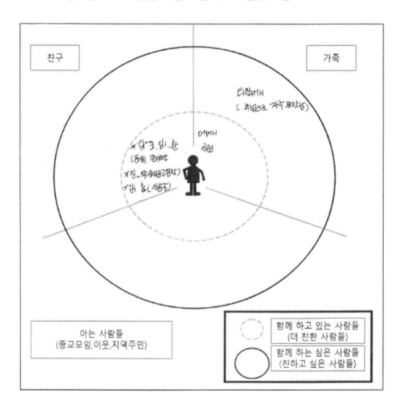

초기사정 보시는 것처럼 4층 이웃집 아주머니가 원 안에 들어가 있어요. 좋은 관계로. 2층 이웃집 강아지 소음제거가 바깥에 떨어져있는 거에요. 이게 맵핑이라고 본다면 이 두 분 보이잖아요. 문제해결 중심으로 보는게 아니라 관계해결 중심으로 보는 거예요. 4층 아주머니 만나면 2층 강아지 진짜 시끄러워요 그렇게 물어보는 거죠. 당사자분들의 문제도 해결되고 관계도 좋아지고 제가 아까 얘기했던 맵핑이 멋있게 표현되면 좋겠다 그거 자체가 문제 해결의 자산기반의 귀한 결과물이겠구나 하는 생각을 했습니다.(자산기반실천 양식 적용 후 소감 공유)

[첫 만남 사례 2]_탈시설 후 임대아파트 거주 40대 남자 대화기록지

기관명(N장애인복지관)　　대화 기록지

개인정보	사례번호	2***
	이　름	권00
	주　소	서울시 용산구 소재
	연락처	000-0000-0000

함께 논의한 내용

◆ 참여자의 중요한 일과
- 아침에 일어나서 자전거 운동을 한 후 카페에서 커피를 마심
- 월~금 10:00~16:00 00발달장애인복지관 프로그램 참여함

◆ 과거 경험
- 긍정적 경험: 자립생활주택에서 나와 홀로 임대아파트에서 자유롭게 거주하는 것
- 부정적 경험: 거주시설에서 바보처럼 폭력을 당했을 때로 돌아가고 싶지 않음

◆ 참여자에게 중요한 것
- 사람들과 만나서 어울리기 좋아함
- 새로운 것을 배우기를 좋아하고 호불호가 정확함
- 노래와 댄스를 좋아하고 적극적인 성격임
- 여행과 쇼핑하기를 좋아함

◆ 참여자에게 필요한 것
- 고지혈증으로 체중관리 및 운동이 필요함
- 뇌전증약을 꾸준히 복용해야함

◆ 강점
- 성격이 깔끔하고, 약속을 잘 지킴
- 자기결정력이 강함
- 사람들과 잘 어울리고 배려를 잘함

◆ 나를 잘 지원하는 방법
- 거절을 잘 못해서 대신 이야기해 줄 지원자가 필요함
- 자신의 말을 잘 이해하고 들어주는 것
- 화가 날 땐 내버려 두는 것

◆ 좋은 삶을 위한 비전
- 행복한 사람이 좋은 삶인 것 같음. 행복한 사람은 자유롭게 하고 싶은 것을 하면서 홀로 자고 싶을 때 자고 하고 싶은 것을 하면서 사는 사람임

바로 필요한 지원 및 이를 지원할 사람

◆ **좋은 삶으로 나아가기 위한 필요한 지원**

- **금전관리하기**: 개별예산 영수증 관리 및 사용내역 작성(가계부), 통장관리
- **새로운 경험 도전하기**: KBS 방송국 견학, 열기구 체험, 야구경기 관람, 맥주만들기 체험, 애견카페, 동물원, 카트타기, 낚시터 가보기
- **나홀로 여행 떠나기**: 항상 단체로 여행을 다녔고, 호텔이나 리조트만 이용했었음. 때문에 혼자서 여행을 계획해서 떠나보고 싶으며 글램핑이나 캠핑을 가고 싶음
- **식단관리 및 운동하기**: 고지혈증으로 인한 건강관리가 필요하여 식단관리 및 운동이 필요함

◆ **지원할 사람**

- 활동지원사
- 0000연대 배00 팀장외 코디네이터 4명

저희 기관에서는 PCP 접목 경험이 있어 시간은 짧았지만 큰 무리없이 진행했습니다. 기존의 장애인복지관이 important for 그분을 위한 중요한 것에 포커스를 맞췄으면 어쨌든 PCP에서 바라보는 것은 important to 그분에게 중요한 것, 그 안에서 균형을 찾는게 중요한데.... 본 양식은 그런 PCP의 개념이 조금 더 각 단계에 녹아져 들어가 있는 것 같습니다. 단, 사정단계에서 조금 더 당사자에게 중요한 걸 포커스를 맞추면 좋겠습니다.
(자산기반실천 양식 적용 후 소감 공유)

[첫 만남 사례 2]_탈시설 후 임대아파트 거주 40대 남자 활동지 1

초기사정 : 하고 있는 일(활동)과 하고 싶은 일(활동)

이분이 관계 맺기를 좋아하다보니까 누구 좀 만나려고 교회를 4-5군데 다니신데요. 이분에게 하고 싶은 일이 나는 좀 소소한 것들 체험 만들기, 카페 가기, 그룹에서 그룹생활에 익숙하다보니까 단체 여행이 아닌 개인 여행을 가고 싶고 개인적인 자조모임 활동하고 싶다는 의견이 나왔습니다.
(자산기반실천 양식 적용 후 소감 공유)

[첫 만남 사례 2]_탈시설 후 임대아파트 거주 40대 남자 활동지 2

초기사정 : 함께 하고 있는 사람과 함께하고 싶은 사람

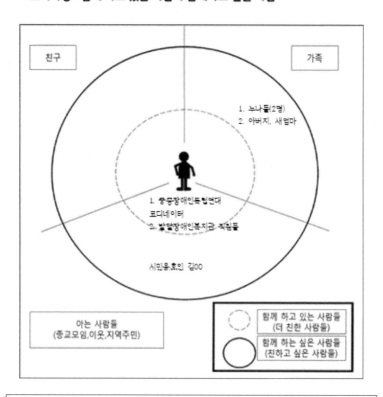

이분이 주로 하고 싶은 일이 관계맺기를 많이 하고 싶어해요. 이분의 지역사회 관계를 보면 친구나 관계망이 없어요. 단체 연대나 활동지원사 말고 관계가 없거든요. 함께하고 싶은 사람도 사실은 가족이나 직원 말고 없어요. (자산기반실천 양식 적용 후 소감 공유)

[첫 만남 사례 3]_자립생활주택 거주 50대 남자 대화기록지

기관명(Y장애인복지관)		대화 기록지

개 인 정 보	사례번호	15***
	이 름	김**
	주 소	서울시 영등포구 **
	연락처	010-

함께 논의한 내용

[대화장소: 자립생활주택]

- 함께 숨쉬고 살아갈 동네에 탈시설 장애인 이웃이 생겨 어떻게 함께 지역사회와 살아갈 수 있을지 고민을 하게 되었음. 자립생활주택으로 15년 3월 2일 첫 입주한 당사자를 축하하기 위해 집을 찾아가기 전 복지관의 복지사는 자립생활주택 코디네이터와 당사자분들께 '놀러가도 될까요? 커피한잔 마시러 가도 되요? 라고 이야기하고 3월 10일 선물(화장지와 세제)을 사서 자립생활 주택을 찾았음. 처음 방문했을 당시 말도 잘 안하고 웃기만 했던 김**님. 이**님. 어떻게 보면 시설생활이 익숙하고 생활교사와 생활을 했던 것이 익숙했던 분들에게 복지관의 사회복지사는 같은 느낌이었을 것 같음.

- 당사자 두 분이 직접 자립생활주택의 방을 소개해주었음. 당사자의 신뢰관계가 있는 E장애인자립생활센터 소장과 송** 코디네이터와 함께 첫 상담을 진행하였음

1. 개인력
 - 1986년 K재활원에 입소하여 1987년 00구 XX동 재활원에서 생활하였다고 함. 어렸을 때 열이나 소아마비 장애가 생겼고, 20대 청년이 된 시기 어머니의 부양의 무리가 되어 가족의 곁을 떠나 시설에서 생활을 하였다고 함. 시설에서 어언 30년, 20대의 청년은 50대의 나이를 바라보고 있었음. 낯가림이 있어 처음 보는 사람들에게 이야기를 잘 하지 않으며, 목소리를 작게 이야기하여 귀를 기울이며 오랜 시간을 기다려주면 이야기를 잘 해주었음.
 - 가족구성원 : 어머니, 형, 누나가 있음

2. 강점기반 욕구
- 무엇보다 학습에 대한 많은 관심이 있었음. 한글을 배울 수 있던 것도 엄마가 직접 업고 초등학교에 다녀 초등(국민)학교를 졸업했고 중등 학업에 대한 욕구가 많은 것을 표현했음. 그리고 새로운 것을 배워보고 싶다는 이야기를 많이 하였음. 다리는 소아마비로 불편하지만 손 사용이 자유로웠기 때문에 복지관의 다양한 활동을 소개하던 중 미싱으로 생산품을 만드는 공방에 관심을 보였음.

3. 건강 및 보조지구
- 당뇨, 고혈압이 있으며 약을 복용하고 있다고 하였음. 정기적으로 병원에 방문하여 진료를 하고 있음
- 보조기구의 경우 전동스쿠터, 목발을 통하여 생활하고 있다고 하였음

4. 지역사회 참여
- 사회참여를 하고 있다고 하여 Y자립장애인생활센터의 단기자립체험, 여행프로그램 등을 참여중이라고 하였음
- 1988년부터 현재까지 샘보호 작업장에서 작업을 하고 있다고 하였음.
- 자조모임 친구들과 종종 만남을 가지고 있으며, 같은 시설 당사자에 대한 이야기를 하고 자주 만난다는 이야기를 하였음
- S교회에서 종교행사에 참여하고 있음

5. 경제상황
- 주거형태 : 자립생활주택에 생활하고 있음
- 경제상황 : 자립생활지원금, 저축 200만원, 보호작업장 월금, 월수입 총43만원 전후
- 지출(핸드폰요금 7-10만원, 저축연금 10만원, 주택청약 5만원)

6. 유의사항
- 초기 탈시설 당사자로 다양한 활동을 희망함
- 일상 생활을 할 수 있는 기본적인 지원 필요
- 활동지원신청을 통한 지역사회 참여 활동 독려 필요

바로 필요한 지원 및 이를 지원할 사람

1. 낯가림이 많은 부분을 완화하기 위한 자조모임, 복지관 프로그램 이용신
   청 독려(사례지원팀)

2. 강점기반 욕구
   ① 미싱 활동에 대한 욕구 〉 본관 직업지원팀 연계 **공방 참여독려
   ② 검정고시 희망 〉 학습 자원봉사자 연결
   * 지역사회연계팀 협력예정

3. 건강 및 보조기구
   - 건강에 대한 부분은 지속적인 모니터링 필요
   - 식생활관리를 위한 밑반찬 지원 필요(사례지원팀)

4. 지역사회 참여
   - 자조모임 참여독려, 전국장애인차별연대 활동 및 E장애인자립생활센터
     활동가 활동 독려
   - 다양한 주민 활동 등 00구 지역알기 기반 활동 도모(지역사회연계팀)

5. 경제상황
   - 결연후원 및 일시적인 물품 지원 필요(사례지원팀 및 지역사회연계팀)

6. 유의사항
   - 일상 생활을 할 수 있는 기본적인 지원 필요
   - 활동지원신청을 통한 지역사회 참여 활동 독려필요
     (E장애인자립생활센터)

[첫 만남 사례 3]_자립생활주택 거주 50대 남자 활동지 1

초기사정 : 하고 있는 일(활동)과 하고 싶은 일(활동)

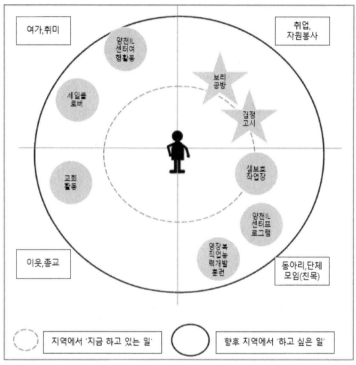

* 동그라미는 하고 있는 일/ 별모양은 하고 싶은 일로 표시

자산 접근을 다같이 학습하니까 좋은 점은 그 사람 중심적으로 어떻게 연계하지를 고민하게 됩니다. 여기 사례당사자도 관계망이 없는데 교회는 좋아하신데요. 거길 우리 사회복지사들이 같이 가서 그 주변으로 관계망을 연결하겠다. 그걸 하려고 하거든요. 전 직원이 자산접근을 공유했기 때문에 모든 팀원과 합의가 가능하게 되었습니다.(자산접근실천 경험 공유)

[첫 만남 사례 3]_자립생활주택 거주 50대 남자 활동지 2

초기사정 : 함께 하고 있는 사람과 함께하고 싶은 사람

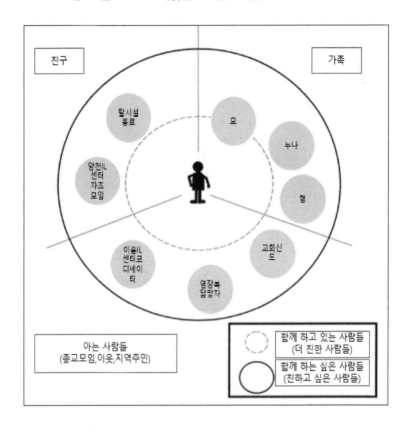

PCP는 기관에서 계속 가야 하니 자산접근은 알고 있어야 한다고 생각이 들었고 이걸 적용할 수 있을 정도의 기술과 스킬을 갖고 있어야 된다고 생각합니다. 이 내용으로 전직원이 위원회까지 운영했어요. 이걸 서술형으로 작성해야 한다는 그 무게에 대한 부분이 있어서 아직도 많이 두려워하긴 합니다.(자산기반실천 경험 공유)

[첫 만남 사례 4]_연고가 없는 지적장애 청년 대화기록지

기관명(Y장애인복지관)　　대화 기록지

개인정보	사례번호	13***
	이　름	류**
	주　소	서울시 영등포구 **
	연 락 처	010-

함께 논의한 내용

- 00구 자립홈으로 이사 후 1년 뒤 자립홈이 폐쇄되어 일상지원을 요청함

- 당사자의 주요 욕구
: "빨리 일하고 싶어요. 다른 친구들이나 누나들도 일하는데 저도 일해서 돈 벌고 싶어요"라며 취업 욕구 보임. 그러나 곧바로 "사실은 저도 제가 무엇을 하고 싶은지 알고 싶어요. 일단 다들 저보고 일하라니까 일은 해야겠죠"라고 답하기도 함. 대상자에게 본인 스스로 일하는 것에 대해서는 어떻게 생각하는지 다시 확인해보았고 좋아하는 일을 하게 될 수만 있다면 일을 하고 싶고 일해서 돈을 벌고 싶다고 답하며 좋아하는 일에 대한 취업욕구 보임. 또한 심리치료를 받고 싶다고 하여 현재 겪고 있는 심리적 어려움이 어떤 것이 있는지 확인해봄. 대상자는 과거 보육원에서 겪었던 폭력에 대해 이야기하며 종종 꿈에서도 나타나서 힘들다고 표현하며 심리치료가 필요한 것 같다고 말함.

- 취업
: 취업의 경우 좋아하는 일을 하고자 하는 욕구 강하게 표현함. 이전에 했던 편의점 아르바이트가 잘 맞았기 때문에 편의점 일도 좋을 것 같고, 아이를 좋아하여 아이돌보는 일도 좋다고 함. 좋아하는 일을 하게 되면 열심히 할 자신이 있다고 말함. 이전에 직업생활이 꾸준히 이루어지지 않은 것은 복지관에서 연계된 곳이 자신이 좋아하는 일이 아니었고 그러다보니 매번 일하러 가기 싫은 생각도 들고 출근이 힘들었다고 함. 그럼에도 매번 취업에 응할 수 밖에 없었던 이유는 '남들이 일하닌까, 선생님들이 하라고 하니까.' 라는 생각이 들었기 때문이라고 함

- 심리
: 예전보다 많이 괜찮아졌다고 하면서도 과거 일들이 꿈에도 종종 나오고 치료를 통해 심리적인 안정을 얻고 싶다고 하며 심리치료를 희망함. 대상자는 종종 복지관 프로그램에 참여하는 것 외에 특별히 정해진 일과 없이 집에서 텔레비전을 보거나 종이접기를 하며 시간을 보내고 있음. 집에 있는 시간이 많다보니 생각이 많아져 과거에 겪었던 폭력과 관련된 일들이 종종 생각나는 것으로 보임
- 그럼에도 대상자는 "과거는 이미 지난 일이다"라고 하며 과거의 일보다 현재에 집중하여 극복하려는 긍정적인 모습 보여주고 있으며 우울한 감정일 때 감정 상태를 인지하고 여러 가지 방법을 통해 극복하고자 노력함.

바로 필요한 지원 및 이를 지원할 사람

- 바로 필요한 지원
1. 일상지원 : 대부분 일상생활을 집에서 보내 혼자 있는 시간이 길어 불안한 심리 상황을 가중시키며 자립생활 기초 마련을 위한 교육 필요

2. 금전관리 지원 : 기초생활수급비 73만원, 고시원에서 홀로 생활하며 부채를 상환하는 금전관리 지원을 통해 당사자의 부채에 대한 스트레스 해소

3. 심리지원 : 폭력에 대한 트라우마로 인한 어려움 해소를 위한 심리, 정서적 안정 지원

- 이를 지원할 사람
1. 성인평생교육팀 000-일상지원 : 소품아트, 원예/공예, 영화공작소 등 일상생활 관련 프로그램 참여를 통해 혼자 있는 시간 감소와 생활에 대한 기초 교육 진행

2. 사례지원팀 노00-금전관리지원 : 중심 사례지원자로 금전관리의 어려움에 대해 수시 상담 및 관리 진행

3. 가족지원팀 이00-결혼후원금 지원을 통한 경제적 안정 도모

[첫 만남 사례 4]_연고가 없는 지적장애 청년 활동지 1

초기사정 : 하고 있는 일(활동)과 하고 싶은 일(활동)

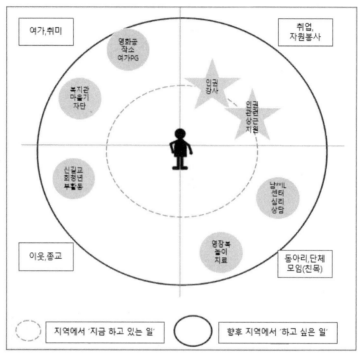

* 동그라미는 하고 있는 일/ 별모양은 하고 싶은 일로 표시

[첫 만남 사례 4]_연고가 없는 지적장애 청년 활동지 2

초기사정 : 함께 하고 있는 사람과 함께하고 싶은 사람

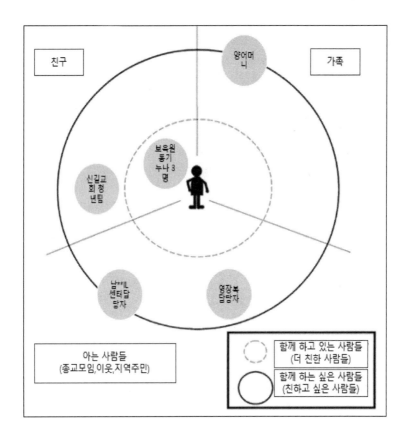

2. 지원계획 협의

지원계획협의(지원구상컨퍼런스)는 실무중심의 회의체라고 이해할 수 있다.

타 부서의 담당자나 팀장이 참여하고 기관의 리더들이 참여함으로서 그들의 실천지혜를 공유하는 시간으로 마련된다. 따라서 참석자 간 의견을 공유하고, 사람중심접근이 잘 적용되도록 실천할 필요가 있다. 전담팀이나 각 팀에서 대표로 참석하는 멤버 모두 자산기반접근이 공정하고 일관되게 적용될 수 있도록 멤버십이 이루어져야한다.

각 개별팀 구성원은 각 팀에서 개인에게 도움이 될 수 있는 영역에 대해 조언을 하고 지침을 내릴 수 있다. 이러한 정보와 지원은 개인에게 매우 유용한 자산이 될 수 있다. 이러한 의견을 모두 취합 후 전체 계획하에 어떻게 지원이나 서비스가 제공될지 논의해야한다. 필요 시 지역 커넥터를 발굴하고 참석할 수 있게 한다. 지역 주민조직화 기반이 잘 마련되어 있다면 진행에 큰 도움이 될 수 있다. 외부인의 참석유도가 어려울수 있으나 지역과의 연결고리차원에서 전략적으로 활용할 필요가 있다. 일이 아닌 관계로 접근하기를 제안한다.

저희는 기관마다 네트워크 대장을 실적처럼 관리하고 있습니다. 누가 어느 기관의 누구랑 통화를 했고, 네트워크를 했다. 어떤 거를

하겠다 하는 향후 계획까지 해서 전 팀이 매달 제출을 하거든요. 왜
냐하면 사람이 바뀌면 날라가요. 아무리 네트워크가 끈끈하더라도
제가 알고 있는 네트워크가 50개라면, 아무래도 제가 그만두면 30
개 밖에 남겨지지가 않으니까요.
그걸 기반으로 전팀이 공유하고 지역사회개발팀이 전체를 내재화해
서 계속 취합하고 있거든요. 저희 팀이 지역에 기반한 활동을 가장
많이 하니까 물어봐요. 이러이러한 일로 연계하고 싶은 데 어디가 괜
찮아? 그러면 저희 팀에서 자원을 다 뽑아서 이러이러한데 좋으니까
연락해 보라고 정보를 드립니다(중간관리자 FGI 중).

연초에 지금 나가고 있는 회의체, 조직을 전 직원이 한번 훑는 작업
을 하거든요. 현재 어떤 회의체에 참여하고 계시고, 어떤 회의체에
나가고 싶고, 어떤 연구모임에 나가고 있는지, 그게 다 네트워크잖
아요. 이렇게 보면 약간 그런 회의체나 연구체가 계속적으로 모니터
링이 되고, 회의체 안에서 네트워크가 되니 담당자가 바뀌어도 공동
사업을 담당하니까 같이 묶어나갈 수 있다는 생각이 들거든요. 지역
사회 접점이 없어지지는 않으닌까요(중간관리자 FGI 중).

　지원계획협의단계(컨퍼런스)에서는 지역사회에서 어떤 부분이 지
원이 가능하고 가능하지 않은지, 제약사항은 어떤 것이 있는지 등이
확인되어야 이후 실행가능성이 높아질 수 있다. 이 과정을 통해 지
역사회 자원이나 자산을 형성할 수 있다. 자원봉사 연결도 가능하다.
이러한 체계적인 목표 수립과 지원 구체화를 통한 실천은 결과적으
로 비용 절감의 효과도 나타날 수 있다. 이때 문서는 개인의 상황을
파악하고 개인이나 보호자, 가족, 친구의 관점에서 명확하게 서술되
어야 하며 개별 당사자의 강점과 네트워크 정보에 주의하여 기록할
필요가 있다.

• 지원계획협의는 참석자 간 공유된 의사결정 및 책임을 촉구
　하는 것으로 사람중심접근이 잘 적용되도록 한다.
• 당사자 스스로가 할 수 있는 것이 무엇인지, 자신의 복지향

상을 위해 자신의 삶에서 중요하게 달성하고자 하는 결과는 무엇인지를 확인하여 지원방법을 고려해야 한다.

- 사회복지사는 사정단계에서 수집한 정보가 충분히 정리된 문서를 공유하도록 한다.
- 문서는 개인의 상황을 파악하고 개인이나 보호자, 가족, 친구의 관점에서 명확하게 서술되도록 작성한다. 또한 개별 당사자의 강점과 네트워크에 대해 확인하고 드러내는 것이 중요하다.

지금 현재 상태로 진행하면 이분에게 지원계획협의할 때 이 계획을 협의하기가 어려울 것이라는 생각이 들었어요. 왜냐하면 지역자원이나 지역주민을 연계하는 팀이 지역팀이고, 사례팀이 가지고 있는 자원은 한정이 되어 있잖아요. 그렇게 팀 간 콜라보를 하려면 많은 작업이 필요할 것 같아요. 아까 평생교육팀에서 개인별지원계획수립 하실 때 되게 힘들어하셨어요. 왜냐하면 한 케이스 할 때 6개월 정도 걸리고 상담 진짜 많이 하고 그리고 한 해 목표가 4명 밖에 안되고 더 많이 할 수도 없고 사실 이 자산접근 실천을 하면 100케이스도 할 수 있는 거잖아요(중간관리자 FGI 중)

지원계획의 경우 내부형과 외부결합형으로 구분할 수 있다. 외부결합형의 경우 개인이 달성하고자 하는 성과(outcome)를 지원하기 위해 필요 시 협의회 구성 등 각 분야별 전문가 그룹 회의를 개최하여 지원계획에 대한 아이디어를 도출할 필요가 있다.

문제가 무엇인가? 문제 해결을 위해 어떤 지원이 필요한가? 등의 문제해결의 관점이 아닌 이용자가 가진 기대, 꿈, 강점의 관점에서 접근해야 한다. 이 과정에서 이용자의 새로운 욕구를 발견할 수 있으며 그동안 알지 못했던 이용자의 잠재력과 자산을 확인할 수도 있다.

[지원계획 협의 사례 1]_발달장애인 청년 B씨

지원 계획 협의

OO장애인복지관 권**선생님과 조**씨의 취업으로 이야기 나눴습니다. 조**씨의 급여가 현재 수급권에 영향을 미칠 수 있다는 어머님의 생각으로 인해 취업에 대한 동의를 해주지 않는다고 합니다.

OO장애인복지관 권**선생님은 조**씨 어머니와 복지관 담당자가 오랜 관계가 있다는 것을 알고 부탁해 주셨습니다. 구체적으로 조**씨의 취업으로 얼마의 소득이 증가하는지를 복지관에서 주민센터와 정확히 확인하여 안심시켜 드리기로 하였습니다.

OO장애인복지관과 취업 논의 외에도 조**씨 가정에는 최근 들어 신경써야 할 일이 많이 있었습니다. 이에 조**씨 어머니의 스트레스가 많은 상황입니다. 지지와 격려가 필요합니다. 담당자 역시 취업 문제외에 다른 문제들로 어머니의 스트레스가 많다는 것을 알고 조금 걱정하고 있었습니다.

이번달 전통시장 상품권이 마침 전달 될 수 있기에 구실 삼아 방문하여 지지해 드리고자 합니다.

참석확인	소속						
	이름	이름					

어떤 문제가 있을까요? 이런 것보다 지금 이 분이 어떤 걸 얘기하는지 먼저 듣고 그 안에서 우리가 어떻게 지원할 것인가를 생각하게 되었습니다. 그 다음에 지원계획 협의에서도 우선 이 분이 얘기하신 부분을 저희는 최대한 긍정적으로 가려고 했습니다.
(자산기반실천 경험 공유)

[지원계획 협의 사례 2]_탈시설 후 자립생활주택 거주자 50대 남자

지원 계획 협의

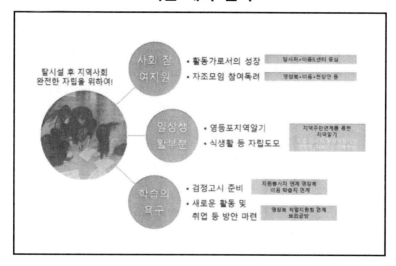

참	E IL센터		Y장애인복지관				
석	이름	이름					
확							
인							

3. 지원계획 구체화

저희 복지관 같은 경우는 이제 지역사회를 막 알아가는 단계이기 때문에 지역사회 자산에 대한 데이터에 있어서 다른 기관에 비해 부족함이 있다고 생각됩니다. 그래서 2차 구체화 단계까지 진행을 했는데 마땅한 정보 전달이라든지 연결시키는 자산이 적어서 이 다음 단계를 과연 어떻게 진행해야하는지 고민이 상당히 많이 들었고 요. 자산접근 이라는 이름 그대로 자산 축적의 형태가 매우 중요한 요소라고 생각되어지게 되었습니다(중간관리자 FGI 중)

> **지원계획 구체화**
>
> 초기사정단계와 지원계획 협의에서 확인 된 개별 강점과 자원을 돌봄과 지원 계획 단계에서 어떻게 배치할 수 있는 지 고민할 필요가 있다.
> 당사자가 원하는 목표를 달성할 수 있도록 강점과 역량을 확인하고 지역사회 내 자원을 연결하고 더 나아가 광범위한 네트워크를 활용할 필요가 있다.

초기 사정단계와 지원계획협의에서 확인된 개별 강점과 자원을 어떻게 배치할 수 있는 지 고민할 필요가 있다. 이 단계에서는 개인의 삶의 질 향상을 위해 지역사회 자원에 대한 전문 지식과 다른 가능한 자료를 찾을 수 있는 지식과 기술이 필요하다.

이용자 개인의 목표와 가족의 목표가 서로 다를 경우, 사회복지사는 지역사회 자산을 조사하여 공동의 목표를 달성할 수 있도록 지원해야 한다. 예를 들어 발달장애인 이용자의 목표는 동물조련사이고 가족의 목표는 이용자의 독립이라고 한다면, 실제로 동물조련사의 간접 경험을 할 수 있는 지역사회 유기견센터에서 자원봉사를 알아 볼 수 있는 것이다.

그래도 어머니가 한 발자국 물러나신 게 지금 당장 접할 수 있는게 유기견센터가면 자원봉사 할 수 있다고 하더라고요. 그래서 그 정도

는 어머니도 코로나가 나아지면 하고 자원봉사도 어차피 나중을 위
해서 필요하다고 해서 여기까지 합의가 된 상황입니다(중간관리자
FGI 중).

이용자가 복지관에서 제공할 수 없는 서비스가 필요로 할 경우는
지역사회자산에서 찾아야 한다. 예를 들어 이용자가 미술을 배우고
자 한다면, 예술가를 찾아 연결할 수도 있다. 지원계획 구체화 과정
에서는 어느 한 팀에서만 모든 것을 할 수는 없다. 예술가를 네트워
크할 수 있는 팀이 있고, 이용자의 이동을 책임질 수 있는 팀이 있을
수 있으며, 이후에는 이용자의 예술활동을 위해서 권리옹호를 담당
하는 팀이 나서야할 수도 있는 것이다.

지역자원이나 사람을 잘 알고 있는 팀은 지역팀이고 사례팀이 가지
고 있는 자원은 한정이 되어 있잖아요....저는 솔직히 자산접근을
어느 한 팀이 안했으면 좋겠어요. 이 기반을 전체 팀이 다 갖고 있
으면 좋겠다는 생각도 하기도 해요(중간관리자 FGI 중).

지원계획의 실행을 탐색하는 맵핑과정을 통해 사회복지사는 이용
자 중심의 관점을 갖게 된다. 맵핑을 통해 이용자 스스로도 알지 못
했던 새로운 욕구나 강점, 기대, 네트워크를 발견할 수 있다. 무엇
보다 이용자가 주체적으로 자신이 무엇을 가지고 있는지 확인할 수
도울 수 있다. 사회복지사는 맵핑을 따라가며 이용자의 욕구를 충족
시킬 수 있는 정보를 수집하고 구체적인 계획을 세울 수 있다.

정보수집에 있어서는 자산기반실천이 굉장히 좋은 방법인거 같아요.
인상 깊었던게 뭐냐면 저희는 저희가 하고 싶었던 것을 정보 수집
했어요. 해결책을 찾으려고 하는 거예요. 이 아이가 이렇게 되었으
니 학습을 해야 한다. 이게 저희였어요. 그런데 자산기반실천을 기
반하면 그런 고민을 할 필요가 없어요 그냥 맵핑만하면 이 아이의

경험과 강점이 뭔지 쭉 나열만해도 굉장히 좋은 자산이 되는거에요
(중간관리자 FGI 중).

기존의 문제해결중심과 서비스제공중심에서 벗어나 이전에는 잘
보이지 않았던 이용자의 욕구를 파악하고 이해할 수 있도록 해준다.
맵핑은 이용자가 직접 하므로 사회복지사의 주관적 판단이 자연스럽
게 배제되며 사회복지사는 당사자가 자신이 경험과 원하는 삶을 이
야기할 수 있도록 따라가면 된다.

자산식별방법 _ 자산매핑

- 자산 매핑은 자산 운용의 핵심 방법 중 하나
- 사람들의 강점과 기여도에 대한 목록 작성, 자산 매핑을 통해 전체 커뮤니티 자산 표시
- 상호 연결 강조, 자산 접근 방법 제시
- 자산 매핑은 유형(공원, 지역사회, 센터), 무형(경험, 기술, 지식, 열정) 자원을 문서화

[지원계획 구체화 사례 1]_발달장애인 청년 B씨

(조**) 지원계획서

결재	담당	팀장	사무국장	관장

일시	2020.06.25	장소	집앞 편의점
참석자	조**씨	담당자	석**

지원 계획 내용	단기 목표	달성계획	언제 무엇을 누구와 함께 할까?	기간
	계속 일하기 (돈을 버는 일)	지속적인 직장생활을 위한 가족 구성원 설득 및 지지	J장복, S장복의 지지 격려	20.6.1~ 20.7.30
	코로나 상황으로 인한 어려움 개선	규칙적 식사 확인 코로나 상황 이해하기 스트레스 감소하기	J장복 식사지원, S장복 간식지원	20.06~ 20.7.30

첨부 :

참석확인	소속						당사자
	이름	이름					

저는 그냥 맵핑하는 거니까요. 그래서 저의 판단이 들어가지 않았어요. 저의 판단이 만약 들어갔으면 어머님의 취업 반대라고 썼을 거예요. 그러나 그렇게 쓰지 않았습니다(자산기반실천 양식 적용 후 소감 공유).

4. 지원계획 수정

상황이 변경될 경우 당사자와 여러 차례 대화를 나눌 수 있다. 이때 추가로 취합된 정보를 지원계획에 반영할 수 있는지 재량껏 확인할 필요가 있다 기관 내 원활한 지역사회 자원 공유는 이용자의 자산을 확대하고 연결하는데 도움을 줄 수 있다. 원래의 지원 사항이 변경되는 등 중요한 논의사항이 있는 경우 대화기록지에 추가로 작성하고 관리해야 한다.

5. 주기적 재검토·종결(연계)의뢰

주기적
재검토

종결(연계)
의뢰

자산접근서비스 수행이 성공적으로 이루어졌는지 확인하기 위해 당사자에게 세 가지 질문을 해야 한다.
자산기반실천의 성공은 사람들이 더 행복한 삶을 살 때이다.

첫째, 당사자가 원하는 것을 달성하기 위한 정보와 조언에 만족하고 있는가?
둘째, 지원 내용에 만족하고 있는가?
셋째, (6개월 주기) 진행 후 여전히 다음 진행사항에 만족하고 있는가?

a) 이전에 받은 정보 및 조언
b) 시행된 지원 방안
c) 정보와 조언에 근거하여 내린 결정, 지원받은 내용에 기반한 결정

자산접근실천이 성공적으로 이루어졌는지 확인하기 위하여 지금까지 받은 정보에 대한 만족도, 그동안의 수행된 지원방식, 정보에 기반한 결정 여부에 등에 관한 질문을 해야 한다.

- 현재 진행되고 있는 지원은 적절한가.
- 이용자는 서비스에 만족하는가.
- 이용자는 다음 단계로 나가는 것에 동의하는가.

- 마지막으로 이용자의 동의(서명)와 담당 팀들의 동의를 거쳤는가.

주기적 재검토는 이용자의 욕구에 따라서 1회가 될 수 있고 그 이상이 될 수도 있다. 정기적으로 이용자에게 확인해야 하며, 관련 서비스를 진행하는 팀들과도 확인해야 한다.

5장

자산접근실천의 과제

5장 자산접근실천의 과제

▶ 1절 조직적 과제

1. 조직이 지향하는 성과와 서비스 원칙

자산접근의 실행이 가능해지도록 하는 조건을 검토하는 것이 중요하다. 이에 대하여 Garven 등(2016: 82-95)은 자산접근이 활성화될 수 있는 다섯 가지 조건을 제시하였다.

- 첫째, 서비스 정책이 현장의 상황을 수용할 수 있는 현장 민감성과 수용성을 갖추는 것이 중요하다. 지역이 스스로 관리하고 통제할 수 있는 자율적인 정책 환경을 만들어야 하며, 지방정부와 중앙정부의 정책 형성 방식이 상의하달(top down)에서 하의상달(bottom up)방식으로 정책문화를 바꾸어야 한다.
- 둘째, 서비스를 수행하는 기관의 건강한 조직문화가 전제되어야 한다. 자산접근 다양한 지역사회 구성원, 다른 서비스 조직, 지역사회 일단 단체 등과 협력해야 하는데, 이것이 가능하기 위해서 자유롭고 창의적인 조직문화가 만들어져야 한다.
- 셋째, 자산접근을 주도할 수 있는 지도자가 양성되어야 하며, 이를 공유하고 실행할 수 있는 실천가들이 교육되어야 한다. 이들을 통해서 자산접근의 비전이 개발되고, 창의적인 방법으로 수행될 수 있다.
- 넷째, 사람과 조직들을 연결할 수 있는 신뢰할 수 있는 관계가

만들어져야 한다. 관계의 개발은 즉각적인 이익을 받지 못하더라도 관계를 지속하는 유인이 있어야 하는데, 서비스 기관의 성과체계가 이것이 가능하도록 변화되어야 한다.

• 다섯째, 실행할 수 있는 기술과 자원관리에 관련된 개발이 이루어져야한다. 자산접근이 실행되기 위해서는 서비스를 전달하는 기술보다는 서비스를 연결, 촉진하는 것이 더 중요하며, 이를 위해서 적극적 경청, 협력과 네트워크가 강조되어야 한다. 기술의 개발은 서비스 기관의 직원뿐만 아니라 지역사회에서 참여하는 시민에 대한 기술개발을 지원하는 교육도 함께 이루어져야 한다. 이와 함께 서비스에 대한 재원의 투입도 관계와 참여를 촉진하는 방향으로 이루어져야 한다.

장애인복지관에서 자산접근이 자연스럽게 실행되기 위해서는 자유롭고 창의적인 조직문화가 만들어져야 한다. 이에 대하여 영국의 Life Without Barriers(2020)에서는 사람중심 접근 서비스의 성과, 성과를 이루기 위한 서비스 원칙들을 제시하였다. 사람중심 서비스를 통한 성과는 다음과 같이 설명된다.

[표 5-1] 사람중심 접근의 서비스 성과

성과 요소	내용
개별성 (individuality)	모든 사람의 차이가 인지되고 존중 받는다.
선택(choice)	적절한 정보를 제공받으면서 선택할 권리, 이러한 선택에 대한 책임과 위험요소들에 대하여 지원을 받는다.
사생활보호 (privacy)	당사자에 대한 정보와 활동은 비밀이 유지된다.
자립 (independence)	사람들은 스스로 활동하도록 권한 강화되며 그들의 존엄은 존중받는다.
포용(inclusion)	사람들은 자신들이 선택하는 그리고 평등한 시민이 누리는 지역사회의 다양한 활동에 참여할 수 있도록 지원을 받는다.

또한 Life Without Barriers(2020)에서는 사람중심의 실천을 위하여 조직에 공유되어야 하는 10가지의 원칙을 다음과 같이 제시하였다.

[표 5-2] 사람중심 접근을 위해 조직이 공유해야 하는 10대 원칙

성과 요소	내용
사람중심 (person at the centre)	장애를 가진 사람들이 자신들이 원하는 삶의 방식을 만들 수 있도록 모든 계획과 결정의 중심에 있어야 한다. 사람들은 자신의 의사와 능력에 적절한 참여수준을 스스로 결정하며, 서비스 전 과정에서 당사자가 최대한 높은 수준의 통제력을 가질 수 있도록 권장·지원된다.
포용성과 접근성 (inclusive and accessible)	장애를 가진 사람들이 사회, 경제, 스포츠, 문화 등에 완전히 포용되는 기회를 가질 수 있는 접근성 높고, 잘 디자인된 지역사회에서 살아간다.
성과에 초점 (focus on outcomes)	모든 서비스는 장애를 가진 사람들이 긍정적 성과를 이루도록 하는데 초점을 맞추어 만들어지고, 제공된다.
다른 사람들의 포함 (inclusion of others)	당사자의 원하는 바에 따라 가족, 친구, 중요한 사람들, 서비스 담당자 등이 서비스 과정에 적극적으로 참여하도록 함으로써 당사자의 지역사회 네트워크를 강화시키고, 참여도를 높인다.
개별적 선호와 강점 (personal priorities and strength)	서비스는 당사자의 현재와 미래의 원하는 바에 맞추면서, 당사자의 능력, 흥미, 꿈 등에 집중한다.
신념의 공유 (shared commitment)	서비스에 관계된 모든 사람들은 당사자가 원하는 삶을 이루기 위하여 당사자와 관계인들이 동의한 변화에 동의하고 지지한다.
문화의 존중 (respect culture)	당사자의 문화와 신념과 함께 서비스에 관계된 모든 사람들의 언어, 종교, 선호 등도 함께 존중된다.
지속적 과정 (continuous process)	서비스 제공이 한 번의 활동으로 끝나는 것이 아니라 당사자가 원하는 바가 계속 달라진다는 점을 고려하면서 지속적인 과정으로 수행된다.
정기적인 점검과 발전(regular review and continuous improvement)	제공되는 서비스에 대하여 계획된 과정이 잘 수행되고 있는지, 계획의 수정이 필요한지 등에 대해서 주기적으로 점검하고, 성과가 향상되고 있는지에 대해서도 지표를 통해 확인한다.

성과 요소	내용
한 사람, 하나의 계획 (one person, one plan)	한 사람의 서비스 계획은 당사자가 원하는 바를 중심으로 삶의 모든 영역에 걸쳐 있는 공식, 비공식 서비스들에 대하여 잘 조정되어 있다.

2. 조직 활동의 점검

United Response에서는 발달장애인에게 사람과 지역사회 중심의 서비스를 제공하려는 조직에서 활용할 수 있는 실천에 대한 '관찰과 점검 도구(observation and assessment tool)'를 제시하였다(United Response. 2020. 이 도구를 구성하는 다섯 가지 항목은 다음과 같다.

- **적절한 구조**: 예측 가능성과 일관성의 확보
- **의사소통**: 이용자의 의사소통 기술과 욕구를 이해하고 지원함
- **참여에 대한 지원**: 이용자가 의미 있는 활동과 관계에 참여하도록 돕기
- **관계에 대한 지원**: 다른 사람과의 관계를 통하여 삶의 질을 향상시킬 수 있도록 지원함
- **희망**: 이용자가 자기만족에 안주하지 않고, 풍부한 삶을 누릴 수 있도록 함께 함

1) 적절한 구조

지원팀은 이용자들에게 중요한 서비스 일상을 잘 알고 이를 존중하며, 지원 받는 사람들의 삶이 예측가능 하도록 일관된 서비스를 제공하기 위하여 팀의 일을 잘 구조화 한다. 적절한 구조가 작동한다는 점은 다음의 점들이 관찰될 때를 말한다.

- 하루의 계획, 또는 변화는 문서로 기록된다.
- 직원은 언제 무엇을 해야 할지를 스스로 일관되게 설명한다.
- 직원은 일에 임하는 상황에서 무엇을 하고 있는, 어디로 갈 것인지, 언제 누구와 함께 할 것인지를 잘 알고 있다.
- 서비스 계획의 변화는 이용하는 사람으로부터 출발하고, 직원들은 안정적으로 변화에 대응한다.
- 직원들은 서비스 계획에 주도성을 가지고 관련된 직원들과 일정을 협의하고, 이용자들과 접촉한다.
- 직원은 이용자들의 일과를 존중하고 조정하는 방법을 잘 알고 있다.
- 지원받는 사람들은 자신들이 이용하는 서비스의 활동과 내용에 대해서 잘 알고 있다.
- 주간 및 일간 일정이 잘 확립되어 있다.
- 일이 잘 수행되는지, 계획의 수정이 필요한지를 검토하는 시스템이 있다.

2) 의사소통

지원팀은 이용자들의 의사소통 욕구와 기술을 알고 있다. 지원자들은 이용자와 잘 소통할 수 있는 가장 효과적인 방법을 사용하고 있고, 이용자와 최선의 소통을 위하여 어떤 언어, 문장, 수단을 사용하는 것이 좋은지 알고 있다.

- 이용자들이 의사소통하고 반응하려고 한다는 점을 직원은 인지하고 있다.
- 직원과 이용자들은 다양한 방법으로 의사소통 하고 있다.
- 직원들은 이용자들의 욕구에 잘 맞는 의사소통을 하고 있다.
- 직원은 혼란을 줄일 수 있는 명료한 메시지로 의사소통하고 있다.
- 직원은 이용자의 참여를 이끌어내는데 가장 적합한 방법을

사용하고 있다.

- 의사소통의 일부로 보여주는 이용자의 도전행동에 직원은 적절히 반응한다.
- 직원과 이용자들이 의사소통하는 방법을 담고 있는 Profile 은 실제 소통하는 것과 일치한다.
- 직원은 이용자들이 다른 사람들과 어떻게 의사소통하는지를 설명할 수 있다.
- 의사소통을 돕는 보조도구들이 잘 사용되고 있고, 사용된 흔적을 확인할 수 있다.
- 직원은 이용자들이 어떻게 선택하는지를 설명할 수 있다.
- 직원은 언어적 의사소통 기술에 대한 과대평가(의존)의 위험 에 대해서 알고 있다. 그래서 시각적 설명, 비언어적 소통 등을 시도하고 있다.

3) 이용자 참여에 대한 지원

이용자들은 기관의 여러 가지 활동과 상호작용에 참여하도록 지원을 받고 있다. 이용자들은 기관에서 어떤 일이 있는지, 어떻게 될 것인지를 안다. 지원팀의 직원들은 이용자들이 참여할 수 있도록 시간과 공간을 할애한다.

- 직원은 이용자들이 최대한 참여할 수 있도록 하는 방법을 모색한다.
- 직원은 이용자들이 잘 지원을 받으면 참여할 수 있을 것으로 기대한다.
- 이용자들은 기관에 일정한 기여를 하면서 다양한 활동에 성공적으로 참여한다.
- 직원들은 자신이 하는 일들을 어떻게 세부화 하는지 설명할 수 있다.
- 지원을 함에 있어 다른 사람을 다르게 본다. 사람의 상황이

달라지면 지원도 달라진다.
- 직원은 참여가 왜 중요한지를 설명할 수 있다.
- 직원은 자신들이 지원하는 사람과 지역사회 구성원들이 상호작용하는 기회를 가지도록 돕는다.
- 직원은 지역사회 세팅에서 이용자들이 어떻게 성공적으로 지역사회의 다양한 사람들과 성공적으로 상호작용하는 경험을 가질 수 있는지 설명할 수 있다.
- 사람들을 어떻게 지원할 것인가에 대한 정보는 Profile에 세부적으로 기재되어 있다.
- 제공된 지원은 지원을 받는 사람에게도 익숙하게 받아들여진다.
- 지원 받는 사람들은 하루 동안에 익숙한 활동과 익숙하지 않은 활동을 함께 한다.
- 어떤 일은 사람들이 참여하게 되어 일정이 늦어지기도 한다.
- 직원은 가능한 많은 선택지를 제공하려고 노력한다.
- 직원은 활동장소, 속도, 순서 등에 대하여 이용자들이 정할 수 있도록 돕는다.

4) 관계에 대한 지원

지원을 받고 있는 사람은 이전 보다 더 행복하고, 건강하고, 안전한 상태에 있다. 그들은 상대방에 대한 금전적 지불이 없이도 다른 사람과의 공감을 경험한다. 그리고 다른 사람의 삶에 대한 자신들의 역할에 대해서도 긍정적으로 인식하며, 새로운 일에 참여하는 다양한 기회를 가진다. 팀 직원들은 자신들의 일에 즐거움을 느낀다.

- 사람들은 보수를 받지 않으면서 자신들을 돕는 관계를 가지고 있다.
- 직원은 사람들이 다른 사람과 어떻게 의사소통할 것인지에 대해서 관여한다.

- 직원은 일상적인 상황에서 이용자를 잘 지원하는 방법을 다른 사람들과 공유한다.
- 지역사회 활동에 함께 참여하는 이웃들은 이용자들의 이름을 알고, 직원과 서비스 이용자도 서로 이름을 안다.
- 직원은 사회적 상호작용의 기회를 증가시키는 방향으로 위험을 관리한다.
- 직원은 지역사회의 다른 조직이나 소모임 등의 외부와의 활동과 상호작용의 기회를 넓히려고 한다.
- 직원은 이용자들이 직업을 얻을 수 있도록 도우려고 노력한다.
- 팀의 구성원들은 지역사회 조직들에 대해서도 알고 관심을 가진다. 누가 조직을 운영하는지, 조직은 무엇에 관심이 있는지 등에 대해서 안다.
- 이용자의 일상적인 활동과 의사소통 기술들이 가족이나 친구들과 함께 개발된다.
- 팀의 구성원들은 그들이 알고 있는 것을 나누고, 이용자의 가족이나 친구뿐만 아니라 지역사회 사람들에 대해서도 알아간다.
- 직원은 이용자의 지역사회 활동을 촉진한다.
- 이용자들은 장애와 관계없이 적극적인 역할을 수행한다. 예를 들어 직장, 종교단체, 취미활동 단체, 지역사회 소모임 등에서 구성원으로서의 역할을 수행한다.
- 직원은 이용자들이 어떻게 다른 사람들과 성공적으로 상호작용할 수 있는지에 대해서 설명할 수 있다.
- 직원은 이용자들이 사람들과의 관계, 소속 단체, 직장 등에서 자신들의 역할을 조정할 수 있도록 돕기 위하여 서비스 계획을 어떻게 변경해야 하는지를 설명할 수 있다.
- 직원들은 자신들의 역할을 사회적 조력자(Social enabler)라고 생각한다. 이용자의 지역사회에서의 활동과 과업은 사람들과의 만남과 관계를 만들기 위한 수단이지 그 자체가 목적은 아니다.

- 직원은 새로운 관계나 새로운 지역사회 집단으로부터 오는 기회를 잘 활용하도록 어떻게 이용자를 돕는지에 대해서 설명할 수 있다.

5) 희망

지원을 받는 사람들은 의미 있는 'here and now' 목표와 함께 미래의 희망과 꿈을 가지고 있다. 또한 팀 구성원들은 자신들이 지원하는 이용자가 자신들의 삶에서 의미 있는 변화를 만들어 낼 수 있도록 하는데 기여하고자 하는 소망에 대해서 말할 수 있다.

- 직원은 이용자들이 새로운 일을 시도록 할 수 있도록 새로운 기회와 지원을 계속해서 모색한다.
- 직원들은 자신들의 일에서 자신들이 성취하기를 원하는 바를 설명할 수 있고, 동시에 이것이 자신들이 지원하고 있는 사람들을 위하여 달성하고자 하는 바와의 차이를 설명할 수 있다.
- 지원을 수행하는 팀은 새로운 아이디어에 흥미를 가지고 있다. 팀 구성원들은 이용자들이 삶에서 의미 있는 긍정적 변화를 만들어 내는 이용자들의 삶의 상황과 이를 이루기 위한 직원들의 역할에 관련하여 자신들의 소망을 말할 수 있다.
- 서비스 팀은 자신들이 지원하는 사람들의 욕구와 소망에 대한 이해를 높이기 위하여 계속 고민하고 노력한다.
- 직원은 자신들이 바쁘게 하고 있는 활동을 설명하는 데 그치는 것이 아니라 이용자가 원하는 발전과 소망을 자신들이 어떻게 지원하고 있는지 설명할 수 있다.
- 지원 팀은 이용자의 삶에 다른 사람들과의 연결이 많아지도록 돕기 위하여 다른 조직이나 지역사회와 적극적으로 함께 일한다.
  팀의 구성원들은 이용자가 누구와 함께 하기를 원하고, 누구로부터 배우기를 원하고, 자신들이 배운 것을 누구와 공유하고 싶은지에 대해서 설명할 수 있다.
- 팀 구성원들 중에는 현재 지역사회의 환경, 좋은 경험을 가지고 도움을 줄 수 있는 지역사회 사람들 등에 대한 생생한 정보를 가지고 있는 사람이 있다.
- 팀 구성원들은 각자가 가진 경험, 배경, 기술, 열정 등을 인정하고 평가한다.
- 팀은 새로운 요청이나 새로운 관점이 제기되는 경우에 기존 서비스의 전제나 가정들을 재검토할 준비가 되어있다.
- 팀 구성원들은 이용자의 단기 목표와 장기 희망을 찾아가는 데 '최선의 추측(best guess)'을 활용한다.

▶ 2절 인력개발의 과제

1. 지도자와 직원의 역할

서비스 조직이 사람중심을 지향하면서 지역사회와 잘 연결되기 위해서는 지도자와 직원의 역할이 적절하게 수행되어야 한다(Life Without Barriers, 2020). 서비스 조직의 지도자는 전체 조직이 사람중심과 지역사회 중심의 비전과 전략을 만들고, 조직 구성원들이 이 비전을 지향하도록 지원해야 한다. 그리고 구성원들이 직면하게 되는 장애요소들을 극복할 수 있는 힘을 가지도록 지속적으로 동기를 제공하여야 한다. 그리고 직원은 전문적인 슈퍼비전과 조직 내 상호학습 과정을 통하여 사람중심과 지역사회 접근에 필요한 지식과 기술을 지속적으로 향상시킬 수 있는 기회를 보장받아야 한다. 이러한 지도자와 직원의 역할을 통해서 조직은 이용자 가족, 다른 서비스 기관, 관계된 지역사회 사람들 등이 모두 적절한 파트너십 관계에서 당사자가 원하는 바가 잘 반영된 서비스가 지속될 수 있도록 해야 한다.

본 절에서는 장애인. 정신장애인, 노인 등 성인에게 서비스를 제공하는 일을 하는 공공과 민간분야 소속 사회복지사들이 알아야 하는 것들에 대해 정리하였다(Department of Health, 2015).[1]

1) 지역사회 통합 지원

영국의 Care Act 2014는 wellbeing의 원칙을 강조하면서 성인 돌봄 분야에서 사회복지사의 역할을 핵심에 두면서 전통적 케어 매니지먼트(care management)에서 벗어날 것임을 예고하였다. 사회복지사들의 역할은 사람들이 개별화되고 통합적인 케어를 받을 수 있고, 자립과 웰빙을 유지할 수 있도록 돕고, 변화에 대처하고, 원하는 성과를 얻을 수 있고, 위험을 알면서 관리하고, 지역사회 생활에 참여할 수 있도록 돕는 것임을 강조한다. 그동안의 서비스를 연계하는 행정적, 관리적 역할에서 개인의 자립과 지역사회 통합을 지원하는 적극적이고 창의적인 연결자(connector)의 역할로의 이동을 의미한다.

2) 사람중심 실천

사회복지사들은 사람들이 개별적인 욕구를 잘 해결할 수 있도록 돕기 위하여 이용자, 타 전문직, 타 기관, 지역사회 사람들 등과 협

---

1) 본 문서는 영국 보건부의 Chief Social Worker for Adult가 주도하고, the College of Social Worker, the British Association of Social Workers, Skills for Care, Social Care Institute for Excellence등이 참여하여 만든 문서를 재정리하였다.

동적이고 창의적으로 일해야 하며, 이 과정에서 이용자의 자기결정, 지역사회의 역량, 가족의 유대 등을 증진시켜야 한다.

3) 학대 예방

사회복지사는 학대나 방임의 다양한 징후를 인지할 수 있어야 하며, 학대나 방임이 이용자, 가족, 지지관계에 주는 영향에 대해서도 알아야 하며, 필요한 경우에 이에 대해서 우선적으로 보호조치를 취할 수 있어야 한다.

4) 자기결정 지원

사회복지사는 자기결정과 관련된 실천지침에 대해서 잘 알아야 하며, 모든 사람은 스스로 결정할 수 있다는 신념에서 출발하여야 한다. 또한 특정 기간 동안에 능력에 결함이 있는 것으로 평가된 사람의 경우에도 자신들에 관련된 의사결정에 대해서 최대한 참여할 수 있도록 돕는 것이 필요하다.

5) 효과적인 사정과 성과중심의 지원계획

사정 과정에서 당사자의 의사가 중요한 결정에 반영되어야 하며, 동시에 보호자의 웰빙도 균형 있게 고려되어야 한다. 이를 위하여 사회복지사는 개별유연화(personalisation), 장애의 사회모델(social model of disability), 인간발달 등을 이해하고 있어야 하며, 욕구, 상황, 권리, 강점, 위험 등을 확인하는 과정에서는 종합적 접근이 이루어지도록 하는 것이 중요하다. 이와 함께 이용자들이 지역사회의 자원과 지지를 잘 활용할 수 있도록 연결을 돕기 위하여 지역사회 자원에 대한 지식을 업데이트 하면서 관계를 잘 유지할 필요가 있다.

6) 가족과 개인에 대한 직접적 지원

사회복지사는 이용자 및 가족구성원들과 개방적이고 공감적인 관계를 만들기 위하여 대인관계 기술과 정서적 역량을 활용하면서 직접적 지원 활동을 수행한다. 이를 위하여 사회복지사는 이용자 및 가족의 연령과 문화를 고려하면서 효과적으로 의사소통할 수 있어야 한다.

7) 수퍼비전과 비판적 성찰

사회복지사들은 정기적으로 여러 가지 형태의 수퍼비전을 받을 수 있어야 하며, 실무에서 직면하는 어려운 문제들에 대하여 동료들과 의논하고, 관련된 훈련을 받을 수 있어야 한다. 또한 이용자들이 권한강화 될 수 있도록 돕는데 필요한 검증된 실무 노하우나 연구결과를 활용할 수 있어야 하며, 이를 통하여 상상력과 창의성을 발휘할 수 있어야 한다.

8) 조직적 협업

사회복지사는 자신이 속한 조직의 법적, 재정적 틀에 부합하게 일해야 하며, 기관 내에서 관련 분야 전문가 또는 타기관의 직원들과 효과적으로 일하는 방법을 알아야 한다.

9) 전문가 윤리와 리더십

지역사회에서 이용자에게 가장 적절한 도움되는 협동적 리더십을 발휘할 수 있어야 한다.

[자산접근방식을 사용하는 사회복지사를 위한 tip]
- 사회복지실천을 평가, 지원계획 및 검토과정으로 간주하지 말 것
- 서비스 중심적으로 사고하지 말 것
- 사람들은 자신의 삶에 대한 견해가 있는 존재로 인지하고, 그들이 선호하는 결과에 대해 생각할 것
- 조기 개입이 핵심임을 명심할 것
- 때로는 대화나 경청 그리고 관심이 자원이 된다는것을 명심할 것
- 사람들 스스로의 네트워크를 고려할 것
- 커뮤니티를 파악하고, 어떤 자원을 이용할 수 있는지 이해할 것
- 긍정적 위험을 감수하기 위해 사람들과 협력할 것
- 다른 분야와 협력하여 긍정적 결과를 이루어 낼 것
- 한발 물러서서 상황을 반영할 것

참고문헌

1. 국내문헌

강현철·최조순. 2019. "지역자산을 활용한 커뮤니티케어 운영에 관한 탐색적 연구." 한국지적정보학회지, 21(1): 39-54.

김용득·김진우·유동철 편. 2007. 한국 장애인복지의 이해. 인간과 복지

김진우. 2019. 장애인복지론. 경기도: 공동체.

이창규. 2018. 칼 로저스의 재발견: 인간중심상담에 대한 목회신학적 비평과 목회상담적 활용. 신학과 실천, 61: 265-299.

황인매. 2019. "영국자산기반접근의 비평적 해석". 한국장애인복지학회 추계학술대회 자료집, 41-58.

2. 해외문헌

Department of Health. 2015. *Knowledge and skills statement for social workers in adult services*. London: Department of Health.

Department of Health & Social Care. 2019. *Strengths-based approach: Practice Framework and Practice Handbook*. London: Department of Health & Social Care.

Foundation for people with learning disabilities. 2012. *The accomplished community: building inclusive communities*. London: Foundation for people with learning disabilities.

Garven, F., Mclean, J. and Pattoni, L. 2016. *Asset-based appro-*

aches: their rise, role and reality. Edinburgh: Dunedin academic Press.

GB Disability Training & Consultancy. 2007. *"Applying social model of disability to health and social care services."* www.gbdtc.org.uk에서 2020년 1월 인출

Glasgow Centre for Population Health and the Scottish Community Development Centre(November 2015) *Positive conversations, meaningful change*: learning from Animating Assets.

Green, M. Moore, H. and O'Brien, 2006. *When People Care Enough To Act.* Inclusion Press.

Improvement and Development Agency(I&DeA). 2010. *A glass half-full: how and asset approach can improve community health and well-being.* London: Local Government Association.

Kretzmann, J. P. and McKnight, J. 1993. *Building communities from the inside out: a path toward finding and mobilizing a community's assets.* Chicago: ACTA Publications.

Lent, A. and Studdert. J. 2019. *The community paradigm: why public services need radical change and how it can be achieved.* London: New Local Government Networks.

Life Without Barriers. 2020. *Person centred practice approach.* https://www.lwb.org.au/assets/Uploads/person-centred.pdf 에서 2020년 1월에 인출

Marmot, M., J. Allen, P. Goldblatt, T. Boyce, D. McNeish, M. Grady and I. Geddes .2010. Marmot Review : Fair Society, Healthy Lives.

McKnight, J. 1995. *The Careless Society: Community and its Counterfeits,* New York: Basic Books.

McKnight, J. & Block, P. 2010. *The Abundant Community: Awakening the Power of Families and Neighborhoods,*

San Francisco: Berrett-Koehler Publishers, Inc.

McNeish, D., Scott, S. and Williams, J. 2016. *Building bridges to good life: a review of asset based, person centered approaches and people with learning disabilities in Scotland.* Scottish Commission for Learning Disability.

Ministry of community and social services. 2013. *Person-directed planning and facilitation guide.* Ontario. Ministry of community and social services.

NHS Health Scotland. 2011. *Asset Based Approaches to Health Improvement* : Evidence for Action: Glasgow, NHS Health Scotland.

Renshaw, C. 2008. Current Issues: *Do self-assessment and self-directed support undermine traditional social work* with disabled people? Disability & Society, 23(3), 283-286.

SCIE. *Strength-based approaches for assessment and eligibility under the Care Act 2014.* Social Care Institute for Excellence.

SCIE. 2015. *Eligibility determination for the Care Act 2014.* London: Social Care Institute for Excellence.

Timebanking UK. 2017. *Timebanking: A prospectus,* Timebanking UK.

United Response. 2020. *Foundations of good support: observation and assessment tool.*
https://www.unitedresponse.org.uk/foundations-of-good-support에서 2020년 1월에 인출

http://communitypartnering.info/assets64.html
http://partners4change.co.uk/the-three-conversations/
http://www.in-control.org.uk
http://www.keyring.org/theory-behind-keyring/theory-behind-keyring.aspx

부록 1~6

부록 1. 접수 / 첫 만남 기록지

接수/첫만남

기관명( )		대화 기록지

개인 정보	사례번호	
	이　름	
	주　소	
	연락처	

함께 논의한 내용

바로 필요한 지원 및 이를 지원할 사람

기관 내 정보 공유

아래 사항을 기록하기 전에 아래 정보를 어디에 사용할지 설명해 주십시오.

나에게 맞는 지원을 알아보기 위해 기관 내 구성원 간에 내 정보를 공유할 수 있다는 것에 동의합니다. 만약 동의하지 않는다면 지원이 중단되거나, 지원할 수 있는 방법에 제한이 있을 수 있습니다.	예 ☐ 아니오 ☐

다른 기관과의 정보 공유

나에게 맞는 지원을 알아보기 위해 다른 기관이 내 정보를 열람할 수 있다는 것에 동의합니다. 내 욕구 충족을 위해 여러 기관이 내 정보를 공유할 수 있다는 것을 알고 있습니다.	예 ☐ 아니오 ☐

결정 변경

00-000-0000로 연락하여 언제든 정보제공에 대한 동의서를 철회할 수 있습니다.

전문가(사회복지사) 작성

당사자는 정보 공유 자료를 읽고 이해했습니까?	예 ☐ 아니오 ☐

당사자에게 정보 공유 자료를 알리지 못했거나 동의를 얻지 못한 경우 아래에 이유를 구체적으로 작성해 주십시오
(   )

당사자 서약서

이 양식을 작성함에 있어 나의 현재 상황을 솔직하게 말하였음을 인정합니다.

서 명	사인해 주세요	날인	지장을 찍어주세요
날 짜			

적절하게 설명이 되었나요?	예 ☐	아니오 ☐

서명하기 어려운 경우 아래에 이유를 구체적으로 작성해 주십시오.
(   )

전문가(사회복지사) 대화기록

서 명	사인해 주세요	날인	지장을 찍어주세요
직 무			
날 짜			

부록 2. 초기사정 활동지 1

초기사정 : 하고 있는 일(활동)과 하고 싶은 일(활동)

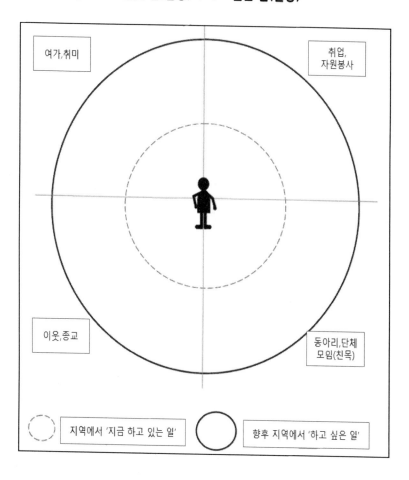

부록 3. 초기사정 활동지 2

초기사정 : 함께 하고 있는 사람과 함께하고 싶은 사람

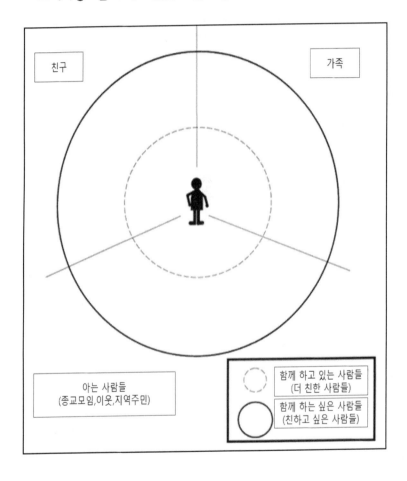

부록 4. 지원계획 협의 기록지

지원 계획 협의

* 창의적 지원 계획 수립을 위해 다영역 전문가 그룹의 협의 과정
  수행(자율적 양식 사용 가능)

참석확인	소속				
	이름	이름			

부록 5. 지원계획서 서식

지원계획
구체화

결재	담당	팀장	사무국장	관장

(   )계획서

일 시		장 소	
참석자		담당자	

	목표	달성계획	언제 무엇을 누구와 함께 할까?	기간
지원계획내용				

첨부 :

참석확인	소속				
	이름	이름			

부록 6. 지원실행 및 수정 기록지

지원실행
계속 수정

Memo

장애인복지관 자산접근 실천방법 |저자 및 약력|

김용득
최종학력 : 서울대학교 대학원 사회복지학 박사
전공분야 : 장애인복지, 사회서비스
성공회대학교 일반대학원 원장
국무총리실 장애인정책조정위원회 위원
전 한국장애인복지학회 회장
전 한국사회서비스학회 회장

황인매
최종학력 : 성공회대학교 일반대학원 사회복지학 박사
전공분야 : 사회적경제, 사회서비스
성공회대학교 사회복지연구소 연구교수
위인협동조합 이사장

성명진
최종학력 : 성공회대학교 시민사회복지대학원 사회복지학 석사
전공분야 : 장애인복지
시청자미디어재단 서울미디어랩 선임
전 소소한 소통 전문위원

초판1쇄 인쇄 2021년 1월 29일 / 초판1쇄 발행 2021년 1월 29일

펴낸곳 | EM실천
주 소 | 서울시 금천구 서부샛길 648 대륭테크노타운 6차 1004호
전 화 | 02)875-9744
팩 스 | 02)875-9965
e-mail | em21c@hanmail.net

ISBN 979-11-960753-7-8   03000